JN439454

달팽이의 잠꼬대

현대수필가100인선 · 07

달팽이의 잠꼬대

송규호 수필선

좋은수필사

■책머리에

수필은 누구나 부담 없이 읽고, 마음만 먹으면 직접 쓸 수도 있는 가장 친근한 문학이다. 다른 영역의 문학이 영상매체에 밀려 신음하고 있는 중에도 수필 인구만은 날로 증가하여 바야흐로 수필 전성시대를 구가하고 있는 이유도 거기에 있을 것이다.

시대적 추세에 힘입어 수많은 수필전문지, 수필동인지가 창간되고, 이에 비례하여 신진 수필가도 날로 늘어나다 보니 이제는 그 많은 작가, 그 많은 작품 중에서 문학성 높은 작품을 가려 읽는 일이 쉽지 않게 되었다. 이런 현상은 작가에게나 독자에게나 결코 바람직한 일이 아니다. 더 나아가서는 수필을 연구하는 후세들에게도 큰 부담이 될 것이다.

이런 문제를 해결하는 데는 출판인도 마땅히 한몫을 감당해야 한다는 평소의 소신에 따라, 본사가 기꺼이 그 역할을 맡기로 했다. 그 첫 번째 사업으로 시대를 대표할 만한 수필가 100인을 선정하고, 작가가 자선한 40편 내외의 작품을 수록한 문고본을 발간하여 이를 널리 보급함으로써 그 소임을 다하고자 한다.

본사는 사명감을 가지고 이 사업을 추진해 나가기로 했다. 작가 선정을 전담할 편집위원회를 구성하고 전권을 위임하여 일체의 사적인 정실이나 청탁을 배제함으로써 전문성과 공

정성을 확보해 나갈 것이다.

따라서 이 기획물 속에는 작가의 문학정신뿐만 아니라, 본사의 문학사적 기여 의지와 편집위원 제위의 수필문학에 대한 애정과 문인으로서의 양심이 함께 담겨 있음을 자부한다. 다만, 작가를 선정하는 기준에는 많은 견해의 차이가 있을 수 있고, 선정 과정에서도 미처 챙기지 못한 부분이 있을 것이라는 사실만은 인정하지 않을 수 없다. 이 점에 대해서는 관계자 여러분의 양해 있으시기 바란다.

이 시리즈의 발간 순서는 작가, 또는 본사의 사정에 의한 것일 뿐 그 밖의 어떤 기준도 적용하지 않았음을 밝힌다.

본 기획물이 시대를 초월한 많은 수필 애호가들의 관심과 애정 속에 우리나라 수필문학 발전에 한 이정표가 되기를 바랄 뿐이다.

2007년 10월

좋은수필 발행인 서 정 환

현대수필가 100인선 간행 편집위원 박 재 식 최 병 호

정 진 권 강 호 형

변 해 명

1_부

2_부

3_부

4_부

1부

마음의 꽃

앉으면 모란
일어서면 작약
걸어가는 모습일랑
영락없는 나라꽃이다.

이것은 여인의 아름다운 겉모습을 말한 것이다. 그러나 꽃을 어찌 미인에게만 빗댈 수 있겠는가. 희로애락과 서로 어울릴 줄 아는 꽃은 사람이 태어나서 삶을 마감하는 저승길까지 한사코 따라다닌다.

사람이 세상에 나올 적에는 앞뒤의 차례가 있지마는 죽음에는 순서가 없다. 그러나 계절에 따라서 제철을 맞아 차례차례 피고 지는 꽃들의 아름다운 질서는 자연의 미덕이 아닐 수 없다.

진달래가 빨갛게 불타던 뒷동산은 어린 시절의 꽃대궐이었다. 눈 속에서 피는 설중매雪中梅도 고결하고 품격 높은 목련 앞에서는 옷깃을 여미게 마련이다. 그러나 꽃샘과 더불어 맨 먼저 봄 소식을 알리는 전령사는 영춘화迎春花다.

될성부른 나무는 떡잎부터 알아본다고, 동자꽃의 꼿꼿한 줄기와 뚜렷한 마디마디가 미덥기만 하다. 주홍빛 무늬에 희고 붉은 때때옷을 입고, 아름답게 태어나서 모든 사랑을 듬뿍 받는 귀염둥이다. '꽃은 갓난이도 이해할 수 있는 말'이라는 말마따나, 어린이는 꽃이요 꽃은 어린이의 눈에 비치는 마음의 거울이라 하겠다.

계절이 옮아가면 세월도 따라 흐른다. 사랑의 하트를 닮은 초롱꽃 꽃망울도 곧 터질 듯이 부풀어 올랐다. 이젠 행복의 산마루에 나란히 서서 빙그레 눈웃음칠 시간이다. 저녁에 피었다가 해가 뜨면 시들어버릴 달맞이꽃이 이 자주빛 첫사랑을 부러운 눈빛으로 엿보고 있다.

꽃의 여왕도 귀부인도 떠나버린 세계에 싸늘한 하늬바람이 인다. 바야흐로 국화의 계절이다. 오래오래 복을 누린다는 복수초福壽草마저 이를 사군자 중의 하나로 받들어 모신 됨됨이가 아니던가. 동백꽃과 더불어 글과 그림과 노래 등으로 더욱 향기 높은 예술의 꽃을 피운 국화다.

알몸으로 그 매서운 한겨울을 버티던 인동초忍冬草도 이제는 한시를 놓겠다. 멀지 않아 그 덩굴에는 눈물겹도록 귀엽고 보람찬 금은화金銀花가 아무 일도 없었다는 듯이 방긋 피어나리라.

꽃들은 서로 시새우거나 다툴 줄을 모른다. 그저 생긴 그대로 고된 사람들의 지친 몸과 마음을 부드럽게 풀어주면 그만인 것이다. 마음이 괴롭고 아플 때, 무엇보다도 그 괴로움을 말끔히 빨아들이는 것은 마치 스폰지와 같은 꽃의 몫이다.

철없던 어린 시절, 할머니에게 꽃 중에서 어느 꽃이 가장 예뻐요? 라고 물으면 항상 똑같은 대답이었다.

"그야 명꽃(면화棉花)이 제일이지. 너 입고 있는 옷이 그 꽃이야."

볼품이야 어쨌든 정답고 따스하며 믿음직스런 것이 땀흘려 손수 가꾼 목화木花였다. 그 할머니가 세상을 떠난 지도 벌써 70년이 지난다. 그 무렵 할머니의 무덤가에는 할미꽃이 여기저기 피어 있었다.

「죄」라는 말조차 모르고 평생을 살아온 이 늙은 할미에게 무슨 허물이 있겠는가! 그런데도 자나 깨나 머리를 숙이고 살아간 겸손의 미덕만은 그 누구도 앗아가거나 흉내 내지 못하리라.

언젠가 계방산桂芳山에서 지엽골로 내려가던 잔디밭 쉼터에는 할미꽃 서너 송이가 쓸쓸히 피어 있었다. 마치 돌아가신 할머니와 오랫동안 찾아뵙지 못한 어머니가 일부러 그 길목에서 기다리는 것 같은 환각에 저절로 고개가 숙여졌다.

동자꽃에서 할미꽃에 이르는 동안, 사람도 자연에 맞추어 따라다니게 마련이다. 시절이 뒤숭숭하여 마음이 어지러우면 피려던 꽃잎도 지레 숨이 막힌다. 꽃은 세상에서 깜박 잊혀진 두메 산골에도 핀다. 그리고 허허로운 벌판에서 더욱 향기로우며 호화로운 정원에서도 시들어 떨어진다.

아름다운 꽃은 사랑과 행복으로 가득한 웃음이다. 때와 곳을 가리지 않는 그 사랑의 웃음은 언제나 함께할 수 있는 마음의 꽃이리라.

(2000. 9)

가는골의 아침

비두로기 새ᄂᆞᆫ 비두로기 새ᄂᆞᆫ
우루믈 우루ᄃᆡ 버곡댱이 ᅀᅡ
난 됴해 버곡댱이 ᅀᅡ 난 됴해

이 유구곡維鳩曲은 시용향악보에 실려 있는 고려의 속요로서 지은이와 그 때가 밝혀지지 않는다. 태깔이 곱고 유순한 비둘기는 살아 움직이는 평화의 상징이다.

유구維鳩의 새벽은 관불산 산마루부터 먼동이 트기 시작한다. 그리하여 여기 가는골의 아침은 백광산의 숲속에 메아리치는 멧새들의 맑고 푸른 합창으로 막이 오른다.

가는골! 깊숙이 들어선 골짜기가 길어서 가는 골인가. 가늘고 길게 살다 가버린 사람들의 가는골인가. 바람마저 드나들기를 꺼리는 첩첩산중, 하늘만이 빠끔히 뚫린 두메 산골에 뻐꾹새가 아침 인사를 울다 마는 가는골이다.

공주公州의 유구維鳩는 예로부터 성주星州의 만수동萬壽洞, 영변寧邊의 정동상류正東上流 등과 더불어 십승十勝의 땅이라 하여 피난처 열 곳 중의 하나로 전해진다. 그렇다고 풍수가의 말마따나 싸움과 굶주림과 돌림병이 없다 해서 일부러 찾아온 것은 아니다.

세상에서 깜박 잊혀진 이곳은 7대를 이어내린 B씨 가문의 터전이다. 몇 해 전까지도 여남은 가구가 오순도순 흙을 일구며 모여 살던 높다란 산골이다. 그런데 이제 와서는 모두 떠나고 늙은 내외 한 가구만이 그대로 머물러 있다. 여기에 때마침 허술한 농삿집 하나가 아쉬운 대로 남아 있어, 뜻밖에도 짙푸른 자연 속에 거처가 마련된 셈이다.

엷은 안개가 시나브로 걷히고 산꿩의 울음소리가 헛간의 처마 끝을 휘감아든다. 그러나 숲속에는 아직도 어둠이 서성거리고 있다. 옷깃으로 스며든 실바람이 한결 시원하다. 이토록 일찍 깨어난 것은 무슨 틀에 박힌 수도 생활이 아니라 일상살이 그대로의 버릇에서이다.

추녀 끝에 매달린 풍경이 댕그랑댕그랑 고개를 내젓는다. 이 세상 방방곡곡에 마땅찮은 소식이 어디 한두 가지더냐. 아니다. 맑은 그 가락으로 흐리고 어두운 지구촌의 구석구석을 환히 밝히자는 것이리라.

한여름의 샘터에서 소리없는 소리로 조용히 아침을 일깨우는 나팔꽃은 호들갑스럽지 않아서 좋다. 밤새 두레박줄을 친친 감아버린 나팔꽃에게 두레박을 빼앗기고 이웃으로 물을 얻으러 갔다는 옛사람 생각이 난다. 그 정감 어린 자연과의 일체감이 어렴풋이나마 느껴 닿는 듯한 아침이다.

우물가에 피어난 봉숭아가 시골 처녀처럼 복스럽기도 하다. 저 분홍빛 꽃잎 속에도 나름대로의 소우주가 깃들어 있음을 느껴 안다. 나비가 부드러운 날갯짓을 하다 말고, 봉숭아 아가씨에게 무엇인가 은밀히 속삭인다.

대문도 울타리도 없는 마당가에서 다람쥐가 보르르 호두나무를 오르다 말고 두리번거린다. 갈피를 잡을 수 없는 호두속 같은 것에는 아예 관심도 없는 모양이다. 그런데 한쪽에서는 조롱박 덩굴이 키다리 호두나무를 너덜너덜 감아 오른다. 가을에는 반으로 쪼개어 서로 나누며 살자는 표주박의 속뜻이다.

숲속에서 우러나온 시냇물은 차분한 발걸음으로 졸졸대다 때로는 쫄쫄거리며 지나간다. 어찌 들으면 아이가 글을 읽는 또랑또랑한 목소리다. 몸과 마음을 곱게 다듬질하는 여인의 다듬잇소리다. 어머니와 아들애가 한데 입을 모은 가는골의 노래다.

지레 물든 감잎이 소리 없이 떨어진다. 개미가 그림이나 글씨 연습을 하기에는 안성맞춤이다. 낙엽은 쓰레기가 아니라 계절을 알리는 알림판이다. 식물들의 귀중한 생명의 본바탕이다.

쓰레기는 대체로 재물이 넘치는 자기만을 위한 마당에서 버려지게 마련이다. 돈과 물건이 아무리 많을지라도 그것은 생활의 편이를 얼마만큼 도울 뿐 삶의 모두는 아니리라. 그리하여 사람들은 한때나마 눈에 보이지 않는 행복감에 젖어들기를 바라는 것이다.

텅 빈 산골에 쓰레기가 있을 리 없다. 물욕에 매이지 않고 허망에서 벗어난 것이 참된 자유가 아니겠느냐며 지렁이가 지레 꿈틀거린다.

동쪽 하늘에 노을이 곱다. 저녁에는 비가 오려나 보다. 비설거지 걱정이야 있겠느냐마는 달팽이 너! 그 무거운 집을 이고지고 또 어디로 가려 하느냐? 거기가 여기 아닌가. 가진 것은 없어도 마음 넉넉한 가는골의 아침이다.

(2002. 5)

대청도의 숨결

'부우—'

길게 울리는 허스키 뱃고동 소리가 어쩐지 예스런 정감을 자아내게 한다. 아침 일찍 인천仁川을 향해 백령도白翎島를 떠난 쾌속선 「백령아이랜드」호가 20분 만에 대청도大青島의 선진포 부두에 다가붙는다. 대청도는 섬 전체가 마치 푸른 숲으로 뒤덮인 것처럼 보이는 데에서 붙여진 이름이다. 황해도 장연군에 딸려 있었으나 8·15 광복 이후 옹진군에 편입되어 지금은 인천광역시에 속한다.

어제 하루를 묵은 백령도와는 여러모로 딴판인 큰 푸른섬이다. 일반적으로 고리타분한 갯비린내 속에 이래저래 지저분한 것이 갯마을의 풍습이련만, 이 섬의 생리만은 유다르다.

더없이 맑고 넓은 하늘과 푸른 산 그리고 잔잔히 빛나는 검

푸른 아침 바다……. 이 푸른 세계에서 수많은 하얀 물새들이 봄맞이 풍어 축제를 벌이고 있다. 아니다. 일부러 찾아온 나그네를 위한 공중 퍼레이드인 것이다. 그러나 섬사람들에게는 예사로운 아침 인사에 지나지 않을지도 모른다.

고깃배들이 조용히 물때를 기다리는 이 아늑한 항구에는 앞을 다투어 욕심을 챙기려는 떠버리도 없다. 버려진 담배꽁초는커녕 쉬파리 하나 보이지 않는다. 자연스레 되풀이되는 밀물과 썰물처럼 더하고 덜함을 행복으로 조절하며 살아가는 사람들이다.

백령도이 산마루에는 효녀 심청이가 인당수를 바라보며 서 있다. 그런데 여기 부두의 나들머리에는 섬사람들의 염원을 나타낸 「어부상漁夫像」이 눈길을 끈다.

평화롭게 잘살기 위해 서로 뜻을 모아 힘쓰자는 모뉴먼트다. 아직은 싸늘한 갯바람 속에 팬티 바람으로 그물을 끌어당기는 세 사나이의 구릿빛 힘살이 믿음직스럽기만 하다.

자그마한 고개를 넘어 내린 사탄동이다. 밀가루같이 부드러운 모래가 크고 높은 언덕을 잇따라 빚어올렸다. 그리하여 허연 자연의 마음 밭에 바람이 그려낸 추상화가 볼수록 신비롭다. 아울러 우람찬 방풍림이 거듭 되돌아 보인다.

인구 4백을 헤아리는 자그마한 섬에도 전설은 있다. 느긋이 오르는 이 골짜기가 전설의 신항당골이다. 그 옛날 뭍에서 잘 살던 신항이는 욕심이 빚어낸 의붓어머니의 계략으로 옥수동

해변까지 떠밀려 왔다. 그리하여 이곳에 우물을 파고 집터를 잡아 살았다는 옛 이야기다.

무성한 억새 속에 이제는 그 집터도 우물터도 알아볼 길이 없다. 까마득히 흘러간 세월 속에 본디 모습으로 되돌아간 듯한 자연 그대로다.

무엇보다 만나보고 싶은 것은 마음먹고 찾아온 동백나무다. 내동 고개에 이르자, 동백골로 내려가는 지름길이 구불구불 가파른 계단이다.

여기 널따란 산기슭에 「동백나무 북방한계 자생지」라는 안내판이 반갑기도 하다. 이 「천연기념물 제66호」는 가장 북쪽 땅에서 저절로 자라는 동백나무 단지다. 까만 곰솔과 붉은 소나무 그리고 듬직한 바위들이 멀리 가까이 눈여겨 지켜보는 배경을 이루었다.

동백은 주로 우리 나라를 비롯하여 일본과 중국 등지의 따뜻한 해안 지대에서 자라는 늘푸른나무다. 요즘 여수 오동도에는 동백꽃이 한창이라는데 이곳은 아직도 꿈속이다. 오무린 꽃망울이 이제 겨우 파르스레 숨타나기 시작한다.

여기 동백은 말수를 아끼는 이곳 사람들처럼 지레 입을 열거나 함부로 웃지 않는다. 그렇다고 사람을 멀리하는 것이 아니다. 동백의 꽃말마따나 오히려 겸손한 아름다움을 가슴 깊이 새겨안고 기다리는 그리움이다.

대청도의 봄은 바다를 건너오느라고 이리 더딘가. 땅 속에서 솟아나기가 무척이나 힘들겠다. 삼단 같은 머리채에 동백기름 자르르 바르고 봄 언덕에서 나물캐던 아가씨들의 콧노래도 이제는 전설 같은 옛이야기다.

중국 옥봉사玉峰寺의 명물인 한 그루 산다山茶에는 올해도 2만 송이가 넘는 꽃이 피겠지. 나도那都 노인은 아직도 옥룡설산玉龍雪山의 남쪽 기슭에서 6백 년 묵은 그 동백나무를 돌보고 있는지 모르겠다.

일본의 오시마大島에는 동백이 4km에 이르는 꽃길 터널을 이루었다. 약쑥과 더덕을 먹고 사는 저 놓아 먹인 흑염소 떼가 어찌 보면 부러울 것도 같다.

수많은 밤을 기다리며 사연도 많던 이미자의 「동백아가씨」가 어디선가 들려오는 듯한 해발 343m 삼각산 허릿고개다. 소박하면서도 깔끔한 전망대가 섬사람들의 몸차림과 마음가짐을 그대로 말해 주고 있다.

대청도에는 신선대와 선녀탕 같은 명소가 따로 없다. 모란이 꽃의 여왕이라면, 옹진군의 군꽃인 해당화는 화중신선이다. 그리하여 섬을 둘러싼 갯가와 산기슭 어디서나 꽃이 피고 열매 맺는다.

> 높은 하늘, 푸른 바다와
> 평생을 함께하는 사람들.
> 시들지 않는 지고 동백꽃같이
> 신선의 얼이 담긴 해당화처럼

자연의 숨결 따라
한결같이 살아간다.
이슬 먹고 자라는 풀꽃 또한
일부러 꾸며낸 전설이 아니다.

(2004. 3)

어머니와 놋화로

불씨 꺼진 집 살림살이 알 만하다. 예부터 이어내린 속된 말이다. 그리하여 가정마다 시어머니는 며느리에게 화롯불을 물려주며, 불씨를 잘 다스리도록 당부해 왔었다.

그것은 한 개비의 성냥이 아쉬워서가 아니다. 불씨를 소중히 다루어 이어나가는 것이 살림을 꾸려나가는 기본 자세라고 믿기 때문이다. 따라서 남의 집으로 불씨를 빌러 간다는 것은 부끄러운 일이었다.

그런데 오늘날은 문명의 이기로 말미암아 스위치 하나로 빨래와 취사는 물론, 더위와 추위를 마음대로 조절할 수 있는 편리한 세상이기도 하다. 그러나 너무 기계적이어서 옛날에 비해 살림살이에 대한 정성과 사랑이 덜한 것만은 사실이다.

집안에 화로가 없으면 어쩐지 허전하기 그지없었다. 그리하여 집집마다 나름대로의 화로가 삶에 대한 하나의 상징으로 전해졌었나 보다.

어린 시절에 본 용순이네 화로는 질그릇이었다. 그것도 금이 나서 헝겊으로 이어 붙인 까만 뚝배기였다. 용순이는 까무러져 가는 잿불 속에 씨고구마를 묻어 두고 입으로 후후 불어댔다. 그럴 때면 그의 얼굴은 온통 눈물과 콧물과 화롯재의 뒤범벅이었다.

흥수네 꼬부랑 할아버지가 안고 계시던 것은 까만 무쇠 화로였다. 대통의 담뱃재를 비우기 위해 얻어맞은 화롯돌의 둔한 울림소리는 순간적이었다.

지금도 기억이 생생한 우리집 화로는 빈 석유통의 네모진 양철이었다. 그 양철 화로도 세월의 흐름에 떠밀려 물러나고 놋쇠 화로가 들어앉게 되었다. 그것은 어머니가 끼니거리에서 한 줌씩 덜어 모은 쌀로 부산에서 사들인 보물(?)이었다.

구리와 아연으로 만들어진 그 놋쇠화로는 닦으면 닦을수록 황금빛으로 눈부셨다. 아궁이에 지피고 남은 불을 담아서 불돌로 눌러 놓으면, 화로는 언제까지나 따뜻하기만 했다.

밤이면 인두를 꽂아 두고 동정깃을 눌러 펴던 어머니의 인두 화로. 화롯돌 위에 된장찌개를 올려놓고 아버지를 기다리던 한밤의 그리운 화로. 가족이 둘러앉아 오순도순 이야기꽃을 피우던 화로는 한식구나 다름없었다.

가난했던 옛님들의 고달픔과 괴로움을 잿불 속에 묻어 두고, 가까스로 이맛살을 펴려던 희망과 보람의 놋쇠화로였다.

그 뒤, 태평양의 싸움에서 몰리게 된 일본은 마지막 발버둥을 치기에 이르렀다. 그들은 갖은 핑계로 쇠붙이라면 닥치는 대로 마구 앗아갔다. 심지어 조상대대로 물려받은 밥그릇이며 숟가락 그리고 제주잔까지 쓸어갔다. 이러한 판국에 더구나 놋쇠 화로가 살아남을 리 없었다.

그 소용돌이 속에서 어머니는 한밤중에 화로를 물이 스며들지 않도록 땅속에 파묻어 숨겼다. 그리고 아무 일도 없었다는 듯이 태연했다.

그러자 매일같이 악덕 경찰에게 들볶이다 못한 아버지는 어머니에게 사정하다시피 하였다.

"화로 주어 버립시다. 귀찮고 창피해서 나 원……. 미운 놈 떡 하나 더 준 셈치고요."

그럴 적마다 어머니는 한결같이 짐짓으로 투깔스럽게 내밸다시피 하였다.

"글쎄요. 행방불명이 됐다니까요."

천지가 뒤집히면 몰라도 땅속에서 나 여깄소 하고 스스로 나타날 화로가 아니었다. 화로는 하나의 기물이기에 앞서 어머니의 얼이 깃든 삶의 좌표였다.

온몸이 피투성이가 된 일본은 드디어 연합군 앞에 무릎을 꿇었다. 이와 때를 같이하여 그 어둡고 괴로운 땅 속에서 뜻을 굽히지 않던 우리의 놋쇠 화로도 밝은 햇볕을 보게 된 것이다.

이 땅의 해방, 자유의 물결, 저마다의 주장과 이해타산 그리고 새로움과 예스러움에 대한 가치관의 혼돈 속에 우리의 놋화로는 본디 자리를 되찾아 앉았다.

오랜만에 얼굴을 드러낸 그 삼발이 놋화로를 물끄러미 지켜보던 그날의 어머니, 그 옛 모습이 새삼스레 눈앞에 어른거리는 어제 오늘이다.

해질 무렵

여태까지 살아온 무등산 기슭에 떠나 이곳 낙산으로 옮아온 지도 벌써 한 해가 지난다. 낙타등과 비슷하다하여 붙여진 이름이건만 그 나불거진 낙타 등의 모습은 온데간데 없고, 옛날의 나무숲 대신에 높이 솟아오른 아파트가 숲을 이루었다.

난생 처음의 아파트살이이기도 하지마는 아직도 여러모로 서먹서먹한 주위환경이다. 그런데 알고 보니 예로부터 인연이 아주 없는 곳도 아니다. 동쪽 창문 너머로, 단종의 아내 송씨가 비단을 빨면 자줏물이 들었다는 슬픈 사연이 전해 내려온 자줏빛 샘터紫芝洞泉가 내려다보인다.

오늘따라 봄기운이 더욱 완연한 저녁 나절이다. 바람도 쐴 겸 모처럼 낙산의 산마루를 찾아 나서는데 한 중년 여인이 어찌 된 영문인지 모르지만 힘겹게 아장거리고 있다. 마치 어린

애가 걸음마를 배우듯이 떨리는 운동화발을 조심스레 옮겨 딛곤 한다.

그것도 혼자서가 아니라, 남자가 앞에서 뒷걸음질하며 고개를 끄덕이는 박자에 맞추어 이끌려가는 것이다. 그리하여 목발에 기대지 않고 끝내 땅을 밟으려는 간절한 소망이 굳게 다문 두 사람의 입가에 또렷이 나타나 보인다. 그런데 지나가는 사람마다 보기가 민망스러워선지 모르는 체, 진달래와 개나리가 한창 어우러진 꽃밭으로 눈길을 돌려버린다.

옛날, 나들이에서 돌아온 할머니는 아장아장 마중 나온 근호를 다급하게 얼싸안으려다 넘어지는 바람에 그만 발목을 삐었다. 그리하여 그 셋째 손자에 대한 지극한 사랑은 평생토록 절룩거림으로 이어내렸다.

멀리 북한산을 곁눈질하며 올라온 낙산의 정수리는 한가롭기만 하다. 허술한 노인당에는 인기척 하나 없고 좁다란 운동장도 텅 비었다. 동대문에서 동소문으로 구불구불 이어뻗은 옛 산성에 저녁빛이 뉘엿뉘엿 엷어지기 시작한다.

성터에서 능수버들 그늘에 놓인 벤치로 다시 돌아오자 뜻밖에도 중학생으로 보이는 한 소년이 구석진 농구대 앞에서 농구공을 던져올리고 있다. 마침 전자오락실이 아니면 같은 또래들과 어울려서 학교 운동장을 휩쓸며 뛰어다닐 그런 시기다. 그런데 작달막한 키에 여윈 몸집으로 공을 다루는 솜씨가 아무리 보아도 불안스럽기만 하다.

백보드에도 미치지 못한 공이 그대로 굴러가 버린다. 조금도 모나지 않고 천성이 둥그런 공일지라도 서로 호흡이 맞지 아니하면 저토록 엉뚱한 쪽으로 흘러나가는가 보다. 그런데 달아난 공을 잡으러 가는 걸음걸이가 몹시도 뒤뚱거린다. 다시 공을 던져 보지마는 이번에도 허탕이다. 뒷판에 부딪혀서 튀어나온 공을 붙잡지 못하고 우두커니 지켜보다 또 뒤뚱뒤뚱 공을 좇아간다.

사람이 그리 드나들지 않는 늦은 시간대를 기다렸다가 조용히 찾아온 절름발이 소년이다. 그리하여 오로지 자기 자신과 맞싸워야만 하는 혼자만의 시합인 것이다. 따라서 상대 팀도 경기 규칙도 없는 이 마당에 심판의 호루라기가 무슨 소용이겠는가. 소년에게는 코치나 응원단 따위가 아예 없어서 다행이다.

소년은 또 절룩거리며 바스켓을 향해 공을 던지건만 주우러 가는 시간이 안타깝게 여겨지기만 한다. 높낮이를 자유롭게 조절할 수 있는 저 바스켓을 좀더 낮추거나 골 가까이 다가섬직도 하다마는, 3점 슛만을 노리는 것도 아닐 테고 고집스럽기도 하다.

예전에 소아마비를 앓은 Y군은 지금도 심한 절름발이다. 그러나 그는 어느 쪽 다리가 더 길고 짧은지 모르지만 절룩절룩 율동적으로 잘도 걷는다. 그리하여 한결같은 마음의 리듬 속에 울퉁불퉁한 길도 고르게 밟아다니며 항상 웃는 얼굴이다.

소년은 지쳤는지 공을 깔고 앉아서 농구대를 쳐다보고 있다. 그런 정도로 운동을 마치고 잠시 쉬었다가 돌아가려나 보다. 공을 링 안에 넣어야만 운동이 되는 법도 아니니 말이다. 그런데 어찌 생각했는지 기우뚱 일어서면서 윗도리를 벗어던지다시피 한다.

공을 붙들고 바스켓을 원망스레 노려보는 손이 가볍게 떨려 보이는 것 같다. 또 어찌 되나 하여 지켜보는 마음이 지레 조마조마해지는 순간이다. 공과 호흡이 하나로 들어맞는 순간을 놓칠세라 슛! 공은 링위를 위태롭게 돌다가 그물 안으로 빨려 들어간다.

골인! 드디어 성공이다.

침착하고 안정감 있는 다갈색의 큼직한 공이 그물바스켓을 빠져나온다. 그리하여 마치 수많은 구경꾼이 지켜보는 가운데 마지막을 승리로 이끈 선수의 맥박처럼 뛰고 있다. 소년은 이마의 땀을 닦아내면서 비로소 빙긋이 웃는다.

언제 왔는지 저만치 벤치에서 그 아장걸음의 여인이 마지막 한마당을 지켜보고 있다. 그녀로서는 여기까지 올라온 것만으로도 자랑스러운 것이다. 멀리 가까이 높고 낮은 집들이 하나같이 평면으로 보이는 해어스름이다.

(1995. 4)

새벽 청소차

새벽이면 교회당마다 앞을 다투어 울리던 종소리도 골목골목을 일깨우던 두부 장수의 그 구수한 목소리도 이젠 옛이야기가 되고 말았다. 그리고 '신문-' 하며 사뿐히 귓전을 스쳐가던 그 여운마저 사라진 지 이미 오래다.

이리하여 언제부터인지 모르지만, 새벽잠을 건드려 깨울 만한 아무것도 없는 마당에서 거의 같은 시각에 저절로 눈이 떠지는 것이다. 그러나 이것은 나이의 탓이라기보다 오랫동안 길들여진 삶의 버릇인지도 모른다.

아침저녁으로 제법 싸늘해진 요즈음이다. 여기 복사골에도 가을은 하루가 다르게 잿빛으로 이울어 간다. 오늘도 새벽은 어김없이 다가와서 원미산에의 산책길을 재촉한다. 가로등의 불빛도 차차로 여위어가는 한길이다. 자동차들은 무슨 일이 그리도 많고 바빠서 저토록 밤낮없이 쏘다니는지 모르겠다. 낙엽이 깔린 페이브먼트 위에 안전모자의 야광 뒤통수가 반짝인다. 일찌거니 빗자루를 들고 나온 미화요원들의 어른거리는 모습이다.

노란 제복의 미화요원이 말라붙은 플라타너스의 잎을 쓸어 모으고 있다. 봄, 여름으로 그리도 후덕스럽게 너울거리던 푸른 꿈의 날개가 그 소임을 다하고 이제는 하늘하늘 내려앉는다.

할머니의 깔방석과도 같은 오동잎이 미련도 하나 없이 뚝뚝 떨어진다. 노랗게 자지러진 은행잎이 담벽 위에 내려앉는다. 그리고 그토록 세상을 떠들썩하게 하던 단풍잎도 이제는 빛바랜 새색시다. 그러나 제구실을 다한 이들은 저마다의 안식처를 찾아 영원한 고향으로 떠나게 마련이다. 낙엽은 산골의 외딴집 장독대에도 쌓이고 깜박 잊혀진 강기슭에서도 휘날린다. 그러나 이들은 자신을 위해서 남을 성가시게 하지 않는다. 그저 사람들의 잦은 발길에 짓밟혀서 지저분하게(?) 보이는 낙엽의 시체일 따름이다.

거리의 청소에는 싸리나 시누대로 만든 마당비가 제격이다. 늙수그레한 미화요원이 비질을 멈추고 허리를 펴는 순간, 쓸어 모은 낙엽 두서너 잎이 찻길을 향해 겁도 없이 날아간다.

때마침 건너쪽의 통닭집 간판이 유난히 돋보인다. 굵다란 글씨가 마치 토실토실 살오른 암탉의 허벅다리처럼 기름져 보인다. 그리고 나란히 자리 잡은 순대집의 돼지 그림은 욕심 많게도 홀로 살졌다. 그런데 넘어질 듯 기울어진 둥그런 입간판이 어울리지 않는 억지 감투처럼 위태롭기만 하다.

기껏 쓸어 모은 낙엽이 가끔 찻길로 달아날 적마다 미화요원은 놓칠세라 한사코 쫓아가서 마지막 한 잎까지 쓸어 담는다. 설령 다시 어질러질망정 뒤쓰레질을 말끔히 하려는 타고난 마음바탕이다.

이따금 무리에서 벗어나 멀리 숨어 달아나려는 낙엽. 저 미화요원에게는 마치 황금에 눈이 어두워서 누렇게 삭아버린 허욕의 껍데기처럼 보일지도 모른다. 그리고 거짓꾸밈과 헛웃음으로 눈치만 살피던 이웃 아닌 이웃을 떠올리지나 않는지…….

거리가 아무리 깨끗해졌다 할지라도 저들 미화요원의 마음의 눈에는 아직도 거슬리는 것이 한두 가지가 아니리라. 겉으로는 멀쩡해 보이는 거리의 밑에서는 찌꺼기가 까맣게 썩어 쌓인 속을 냄새나는 하수가 끊임없이 흐르고 있는 것이다.

머지않아 거리거리에 함부로 버려진 양심을 속임수로 하얗게 덮어 가릴 눈이 내릴 것이다. 그러면 또 미화요원들은 그 위장된 축복의 베일을 벗겨 밀어낼 넉가래를 챙기게 마련이다.

새벽은 누구에게나 찾아온 운명의 여신이다. 그런데 갈 곳을 찾아 떠나는 것이 어찌 낙엽뿐이겠는가. 마지막 한 잎까지 한사코 쓸어담은 새벽 청소차를 지나 남은 조각달이 물끄러미 내리굽어본다.

(1997. 11)

기다리는 마음

봄이 되면 단풍나무가 좁다란 정원의 한쪽을 거의 뒤덮다시피 한다. 그런데 이 그늘에서 유달리 시달리는 것은 한 그루의 동백나무다. 그러께 봄, 김 선생이 앵두나무를 가져간 뒷자리에 심은 두어 뼘 남짓한 겹동백이다.

해를 거듭하는 동안에 그다지 건강체는 아니지만 그런대로 서너 송이의 붉은 꽃을 피우곤 한다.

동백은 화려함을 떠나서 그 품위가 높고 생각이 깊은 귀인 은자의 기품이라고나 할까. 푸른 윤기가 자르르 흐르는 잎새와 더불어 꽃망울을 맺기 시작할 무렵부터 은근히 가슴을 설레게 하는 마음의 꽃이기도 하다.

이제까지 동백나무를 서너 차례나 심어보았지마는 번번이 죽이고 말았다. 한번은 거리에서 사들인 것을 그대로 정성스레 심어 두고 아침저녁으로 그토록 보살폈건만, 채 한 달을 넘기지 못하고 끝내 가버렸다. 살펴보니 뿌리를 도려파낸 것처럼 흙을 붙여서 새끼줄로 그럴싸하게 얽어맨 줄기 아닌 나뭇가지였다.

그러한 사연을 겪은 뒤, 김 선생이 이 겹동백에서 비로소 한 가닥의 자신감과 위안을 얻게 된 것이다. 그런데 흐뭇한 마음이 기쁨으로 이어지면 지나친 사람을 하게 되는가 보다. 그리하여 이번에는 햇볕을 찾아다니며 어느 정도 자유롭게 자랄 수 있도록 화분에 옮겨심기로 한다.

자그마하면서도 소박하고 볼품이 있는 질화분을 머릿속에 떠올리며 찾아 나선 가게마다 허탕이다. 하기야 번드레한 겉치레 세상에 입에 맞는 떡이 쉽사리 나타날 것 같지 않다.

이리하여 화분일랑 다음으로 미루고 시장을 빠져나오려는데, 구석진 곳의 허수룩한 가게에 질그릇이 보인다. 많지 않는 뚝배기 사이에 좀 유다른 것이 끼어 있다. 혹시나 하고 살펴보니 밑바닥에 몇 개의 구멍이 뚫려 있질 않는가.

옳지! 바로 이것이다. 먼지가 뿌옇게 내려앉은 화분(?)을 집어 들자마자 주인 아주머니의 말에 정신이 어리둥절해진다.

"그건 한 되짜리래요. 몇 식군데요?"

아차, 하면서도 엉겁결에 나온 대답이

"예, 혼잔데요……."

"식구가 아무도 없어요? 혼자라면 사서 뭘 해요……."

다시 살펴보니 틀림없는 시루다. 당장 팔아 치울 생각은 하지 않고 남의 사정부터 헤아려 주는 차분한 장사꾼의 마음씀이다. 옹기종기 모여 있는 옹기그릇들이 유난히 둥그렇게 빛나 보인다.

언제 어디서 구워냈는지 모르는 시루화분을 부여안고 나오는 발걸음이 가볍기만 하다. 때때로 시루의 몸통을 어루만질 적마다, 시루구멍이나 막아 주어라 하시던 옛 할머니의 말이 떠오른다. 그러면 어머니는 어린것들을 위해서 가끔 호박시루떡을 만들곤 하였다.

한겨울도 거의 물러간 저녁이다. 납작납작한 돌조각으로 구멍을 덮고 떡가루 대신에 모래와 부엽토를 채워 심은 동백 화분이다. 이제는 추위를 피해야 할 번거로움도 평생을 남의 그늘에서 시달려야 할 괴로움도 없으리라. 생각만 해도 마음 뿌듯한 아침저녁이다.

남쪽에는 벌써 동백이 피었다는 소식이다. 그런데 그토록 기대했던 이 시루 화분의 동백은 아직도 힘을 얻지 못한 채 그대로다. 고르지 못한 날씨, 꽃샘추위 탓으로 접어 생각해 보지마는 아무래도 또 봄을 놓친 성싶다. 차츰차츰 건강을 되찾아 가겠지.

뜻대로 되지 않는 것이
어찌 분갈이 동백뿐이랴.

소망과 의욕만으로
봄은 꽃을 피우지 않는다.

너와 나를 모르는
서로 다른 맘바탕에
도 기다림으로 이어지는
아득한 고개, 그리운 봄이다.

범골의 다람쥐

도봉산 지구의 북쪽에 홀로 높이 자리 잡은 사패산賜牌山이다. 임금이 하사한 산답게 회룡사와 석굴암, 무학굴 등 역사적인 자취와 더불어 경관이 또한 빼어난다.

호랑이에 얽힌 옛이야기를 요리조리 떠올리며 호암사虎岩寺를 찾아 오르는 범골의 한낮은 호젓하기만 하다. 원생의 짙은 숲과 맑은 시냇물이 엮어낸 계곡에는 바람도 햇볕도 조심스레 드나드는가 보다.

느닷없이 '푸드등' 꿩의 날갯짓 소리에 깜짝 놀란 것은 앞길을 재촉하는 발걸음만이 아니다. 등산길도 갑자기 크게 휘어들었다. 머지않아 「호암사」라는 팻말이 아직도 두근거리는 가슴을 쓸어 내린다.

사패능선과 범바위에 의지하여 깊숙이 들어앉은 호암사는

한가롭기 그지없다. 대웅전 앞의 세심천洗心泉 우물에 마음을 씻고 쳐다보는 눈앞이 바로 범바위다.

마치 푸른 숲속에 잠겨 있는 바위섬처럼 길둥그렇고 커다란 하프돔 모양새다. 그리고 자연 그대로 열려 있는 이 널따란 굴은 비교적 갖추어진 불당이다. 호암사에서의 볼거리 이야깃거리는 여기 바위굴에 모여 있는 셈이다. 전해 내린 굴의 이름도 가지가지다. 백의白衣 관음이 나타났다 하여 산신山神굴 또는 백인白寅굴. 무학대사가 이성계를 위하여 기도한 곳이라 해서 무학舞鶴굴 등등 저마다 나름대로다.

이젠 범바위를 떠나야 할 시간이다. 능선으로 오르는 길섶에서 반반한 바윗돌이 사람의 마음을 끌어앉힌다. 요기라도 하면서 잠시 쉬어가기에는 안성맞춤이다.

"고수레…"

둥글한 호두과자 한 개를 숲속에 던지면서, 산에 있는 그 무엇도 두고두고 다치지 않기를 빌어 보다. 그러자 난데없이 다람쥐가 먹이에는 아랑곳도 하지 않고 바위를 향해 다가온다.

아름다운 등줄 무늬와 후덕스런 꼬리 그리고 잘 어울린 황갈색의 옷으로 미루어 어김없는 다람쥐다. 사람을 만나면 요리조리 살펴보는 것이 다람쥐의 습성이건만 이놈에게는 경계심일랑 씨도 없는 모양이다.

바위 가까이 바짝 다가와서 무어라 말할 듯 말 듯 물끄러미 쳐다보기만 한다. 더 가까이 올라오려무나. 이야기라도 나누자구나.

보면 볼수록 어딘지 모르게 서로 닮아가는, 한 피붙이처럼 느껴지는 다람쥐다. 그런데 새삼스레 똥그래진 저 눈망울은 이 얼굴에서 과연 무엇을 찾고 있는 것일까. 보아하니 그리움으로 가득 찬 눈매다.

예사롭지 않는 이 다람쥐는 아무리 헤아려도 이곳 토박이가 아니다. 그럼 그렇지. 본디 고향은 남쪽 나라의 어느 섬이라 전해 들었다고 한다.

그래, 그래! 너는 세상에 태어난 지 이틀 만에 이름도 없이 가버린 거야. 너와 나는 둘도 없는 오누이다. 그때 나보다 9살 손아래였으니 올해 77이구나.

그래, 너도 멀리 가까이 혼자 돌아다니기를 좋아한다니 반가운 일이다. 어느 칠석날 정선의 불암골에서 모과를 주워 모아 차렛상을 차리느라 무던히 서둘렀지?

광양의 백운산에서 흰 구름이 잠시 쉬어간 뒷자리를 날쌔게 맴돌던 시절도 있었잖아. 그리고 언제가 홋카이도北海道의 다이셋산大雪山에서 아이들과 젤리를 먹으며 놀던 다람쥐도 너였구나.

죽어서 다시 다른 생명체로 태어나도록 하는 전생轉生 또한 자연의 질서가 아니겠는가. 마음이 통하고 믿음이 간다면, 사람이 아닌 빼꾸기면 어떻고 또 난촌들 어떠냐.

그래, 그동안 힘들게 지내지는 않았는지… 음흉하고 사나운 짐승들은 갖가지 이유로 많이 없어지기도 하고, 더러는 멀리 떠나서 깊이 숨어 사는 오늘날이다.

낮이며 밤마다 나무 끝을 스쳐가는 바람결에 세상 사람들의 마음과 마음을 짚어도 보았겠지. 그리고 사시사철 구름이 그려내고 바람이 지워버린 지도를 읽으며, 어수선하게 돌아가는 지구촌의 소리도 들었으리라.

기나긴 한여름의 해도 어느덧 서쪽으로 기울기 시작하는 범골이다. 숲은 사랑하는 이의 보금자리요, 자연은 아끼는 이의 고향이라 하자.

우리 함께 살자고 한들 너는 이미 은혜로운 자연의 뜻을 저버릴 수 없는 존재가 아닌가. 세상 모든 것은 있는 곳이 있어야 할 자린가 보다.

나무타기를 좋아하며 쥐를 닮았다 하여 다람쥐라 불리지만, 쳇바퀴나 돌며 살고 싶지 않다는 이 자연의 씨앗. 그저 멀뚱멀뚱 쳐다보기만 하는 우리 다람쥐다.

세상에 태어났다
이틀만에 가버린 너

그 흔하고 귀한
이름 하나 없이
어디 갔다 이제 나타났나

보면 볼수록 닮아가는
너와 나는 오누이.

덧없는 세상 아예 등지고
자연의 품에서 다시 살아가는
사랑의 다람쥐여.
부질없는 이 넋두리가
설사 꿈이런들 어떠랴.

달팽이의 잠꼬대

언제나
둥그렇게 환한 보름달같이
혼자라도 즐겁게
팽팽 돌아가는 팽이처럼
달팽이는 오늘도
길을 찾아 나선다.

무심한 세월 속에
외나무다리 건너가는
일렁이는 물그림자.
다리 건너 기슭에서
풀꽃도 기다렸나
어서 오라 반긴다.

입은 있어도 웃을 줄을 모르는 달팽이가 오늘은 홍성의 용봉산으로 길을 떠난다.

무거운 짐을 등에 지고 느릿느릿 기어가는 모습이 보기에도 안쓰럽다 못해 애잔하기도 하리라. 그러나 그저 버리러 가는 나들이가 아니라, 무엇인가 채우러가는 나그넷길인 것이다.

메마른 겨울잠이나 무더운 여름잠에서 깨어난 달팽이는 그늘진 시원한 곳을 좋아한다. 그런데 이리저리 돌아다니노라면 들쥐와 새 그리고 풍뎅이 따위에 마음이 쓰이게 마련이다.

겁이 많아 믿음성 없이 덤벙거리는 달랑쇠, 서 생원이 안타까운 것이다.

실속 없이 조잘대는 들새들의 입방아가 서글프기도 하리라. 그리고 멀쩡한 농작물이나 나뭇잎을 갉아먹는 족속들의 얄미운 버릇이 못내 가엾을 따름이다.

꿈틀거리며 기어가는 용과 날갯짓도 아름다운 봉황이 서로 어우러진 용봉산 기슭의 달팽이 마을이다. 인삼의 사촌이 더덕이라면 달팽이와 전복은 형제 사인 셈이다.

달팽이 동네라지만 한성바지끼리 모여 사는 집성촌이 아니다. 역사 깊은 용봉사의 들머리 아니 멀리 외따로 자리 잡은 「산전복 식당」인 것이다.

'달팽이는 미역만을 먹으며 산다. 영양가 높은 전복과 마찬가지다.' 이 뚜렷한 안내판이 사람들의 발걸음을 멈추게 한다.

달팽이 광장의 한쪽에서는 물레방아가 까닭도 모르고 밤낮

없이 돌기만 한다. 세종대왕도 자주 마셨다는 지장수(황토물)를 걸러내는 수고로움이다.

달팽이는 미꾸라지처럼 둠벙의 곡예사가 아니다. 언뜻하면 미끄르르 빠져나가는 속물이 아니다. 그렇다고 매미처럼 한가로운 소리꾼도 아니다.

눈과 귀가 변변찮은 달팽이는 마음의 눈으로 헤아리게 마련이다. 그리하여 계곡을 지나는 고갯마루에 올라서면 보이지 않던 것도 스스럼없이 다가온다.

씨알 하나 남김없이 말끔히 앗아간 도토리나무 아래에서 다람쥐가 헛웃음을 친다. 할머니들이 쭈그러진 과자봉지에 사랑과 한숨을 모아들고 쉬어 넘던 고갯마루다.

달이 가고 해가 지날수록 헤아리기 어려운 지구촌의 속마음이라 한다. 그렇다고 달팽이마저 뚜껑을 닫는 날, 너나없이 더욱 끙끙거리리라.

'천하는 한 마리의 달팽이다. 달팽이 뿔 위의 싸움과 같은 어리석음을 되풀이하지 말라.' 두고두고 잊혀지지 않는 장자의 이 말이 새삼스레 되새겨지는 어제 오늘이다.

달팽이가 오늘은 안성으로 달팽이 학교를 찾아간다. 안성이라면 얼른 떠오르는 것이 서운산과 칠현산 그리고 사당패의 꼭두쇠 바우덕이와 안성맞춤이다.

장수촌 4km 지점을 지나 이리저리 더듬거리며 찾아온 금광산 기슭이다. 외딴 건물의 정면에 뚜렷이 새겨진 「달팽이」 세 글자가 매우 인상적이다.

이름 높은 산의 아름다운 경관은 우리의 자랑거리다. 그런데 '나는 국립공원이요, 문화유산입네' 하며 감투를 쓰고 뽐내는 주변에서는 쓰레기와 쉬파리, 무질서가 판치기 일쑤다. 이리하여 자연이 자연성을 잃어가는 지 오래다.

요즘은 한가위의 연휴다. 사람이 많이 모이면 시끌벅적하게 마련이다. 그러나 숲은 우거질수록 깊은 상념의 꿈속에 잠긴다.

여기 금광산은 느슨한 능선으로 이어진 나직한 야산이다. 차분한 됨됨이가 물 맑은 금광 호수와 더불어 숲그늘을 좋아하는 달팽이를 닮았다.

이 외딴 산기슭에서 여러 가지 조형예술을 익히는 「대안 문화학교 달팽이」다. 이곳 달팽이들의 우두머리(교장)인 이기원님의 이야기는 마치 달팽이가 기어가며 길에 남긴 흔적처럼 차분히 이어진다.

학교 이름은 '빨리 빨리'를 피하기 위해섭니다. 아이들도 달팽이를 좋아하고요. 그리고 자연 친화적입니다. 초·중학생 달팽이들과 성인반 50명을 합하여 모두 180사람입니다.

학습 자료가 입체적으로 가득한 방안 분위기가 믿음직하기도 하다. 천하의 공휴일을 교장이 홀로 지키는 속칭 「달팽이학교」다.

달팽이들의 작품 사진첩 『봄바람부터 겨울 첫눈까지』 한 권을 건네주면서, 산교육의 교과서라는 말을 잊지 않는다.

맑고 밝고 질서 있는 삶을 위해 끊임없이 마음의 눈을 굴리는 달팽이다. 이제는 떠나야 할 시간이다. 헤어진 달팽이의 모습과 '달팽이' 그 세 글자가 오버랩 되어 시나브로 여위어 가는 들길이다.

삶에의 질서일랑
아직도 감감한데
기나긴 세월아
어디를 그리도 헤매느냐.
무성했던 그 꿈은
어느 하늘땅을 맴도는가.
너나없이 가슴 저린
한낮의 넋두리
달팽이의 잠꼬대다.

감악산 넋두리

6월의 유학산

임자 없는 나그넷골

거쳐가는 5마당

프라하의 봄

천도호 할매

비바람 덕분에

구봉산의 눈동자

못다 핀 꽃

감악산 넋두리

강원도 신림神林에서 싸리재를 넘어 감악산紺岳山을 오른 지도 벌써 10여 년이 지난다. 우두머리인 감악바위는 오늘도 신선바위, 동자바위와 더불어 잘 지내고 있겠지.

오늘은 여태껏 별러오던 경기도 파주坡州의 감악산으로 길을 떠난다. 같은 이름 아래 서로 떨어져 살면서 만날 기약 없는 세월이 어찌 산과 산뿐이더냐.

눈앞에 금 하나 그어두고 남북으로 갈라서서 서로 드나들지 못한 세월이 어느덧 반세기가 훌쩍 지나갔다. 너무나도 간절한 소망이기에 산새도 울다 말고 자지러졌나 보다.

구불구불 돌아오르는 호젓한 설머치 고갯길이다. 운계雲溪 폭포에의 내림길을 그대로 보내고 찾아온 범륜사梵輪寺는 감악산의 일반적인 나들목이다.

마음이 끌리는 것은 소중히 모신 백옥돌의 관음상이 아니다. 통나무가 돌로 굳은 목화석木化石도 아니다. 오히려 이들의 본디 마음을 그대로 받아들일 수 있는 이 산골의 아늑하고 평온한 자연의 마음인 성싶다.

아직은 보이지 않는 정상을 향해 출발이다. 반들반들 닳지 아니한 오솔길에 발걸음이 가볍기만 하다.

「명상의 숲」을 지나는 길섶에 군데군데 거뭇거뭇한 자국이 뚜렷하다. 전해 듣던 숯가마터다. 목숨을 내던진 나무토막이 얼마나 속이 탔으면 몸뚱이마저 이토록 까맣게 숯가루로 굳었을까.

다랭덩굴이 함께 살자고 소나무의 허리통을 친친 감아 안았다. 지난날 숯막에서는 주렁주렁 매달린 다래처럼 도란도란 살아갈 이야기로 밤도 새웠으리라.

온데간데없는 옛 가마터 주인아, 세상살이 한평생이 쓰더냐 달더냐 덤덤하더냐. 아니면 세월 따라 흘러내리는 이 안골의 물맛이더냐.

길이 점점 거칠어진다. 이제는 계곡도 막바지에 이르렀나 보다. 너덜 지대로 접어들자 감악약수가 바위틈에서 졸졸 흘러나온다. 성급히 의욕만을 앞세운다고 바라는 보람이 이루어지는 것도 아니리라.

펑펑 쏟아지는 물은 헤픈 웃음처럼 믿음성이 덜하여 약물과는 거리가 멀다. 그런데 정성스레 졸졸거리는 이 가냘프게 보이는 약수가 3단으로 내리쏟는 운계폭포의 밑천인 것이다.

이리저리 둘레둘레 올라온 길이 어느덧 주능선의 잘룩거리인 어름골재다. 이 네거리 또한 방향에 따라 서로 운명이 갈라지는 산신령의 어김없는 계시와도 같은 갈림길이다.

드디어 해발 675m, 널따란 감악산 정상이다. 우러러 보는 하늘은 두루두루 맑기만 하다. 예전에 올랐던 금학산과 고대산 그리고 왕방산, 명지산, 소요산 등등이 그리운 눈빛을 깜작인다. 잊지 못한 화악산도 아련히 어림된다.

그런데 저기 임진강은 무어라 중얼거리며 저토록 굽이굽이 휘감아도는 것이냐.

오늘날
독감에 시달린 세계는
몹시 앓고 있다.

그리하여 시나브로 멍들어 가는 지구는
정신없이 헛돌기만 한다.

누구에게나 높고 푸른 하늘
거짓을 모르는 속 깊은 땅
세상 만사를 도맡으신 자연이다.

잇달아 산바람이 혼잣말처럼 속삭이며 둥그런 돌탑을 스쳐간다.

'너나없이 한그물 안에서 헐떡거리는 물고기, 멧새들일세. 누구나 부질없는 꿈일랑 훨훨 떨쳐버리고, 한잠 푹 자고 자면 몸도 마음도 개운해지리. 그리하여 새로운 아침은 한결 눈부시도록 빛나리라.' 한다.

도토리 두어 알을 소중히 안고 두리번거리며 숲속으로 들어가는 다람쥐의 눈이 똥그래졌다. 두려워할 일이 아니다. 그것은 그대에게 자연스레 베풀어진 생명의 씨앗이다.

바로 건너편에 사시사철 벌레 소리 바람결에도 부릅뜬 눈으로 귀를 곤두세우는 파수꾼이 서 있다. 흘러간 한 많은 세월 속에 갖가지 고난을 이겨낸 임꺽정봉이다. 오늘도 저토록 한탄강 멀리 고석성孤石城의 옛터를 사무치도록 바라보는 임거정林巨正이다.

'검게 구부러진 모든 마음들. 이제 와서 울고불고한 들 때는 이미 지나갔다. 그러나 지금이라도 마음을 다잡아 새로 태어난다면 아주 늦은 것도 아니리라라라……'

의로운 부르짖음이 쟁쟁하게 메아리치는 임꺽정봉의 산기슭 내림길이다. 윤선도의 「산중신곡」 한 수가 새삼스레 떠오르는 한낮이다.

월출산 높더니만
미운 것이 안개로다.
천왕 제일봉을
일시에 가리워라.
두어라, 해 퍼진 후면
안개 아니 걷으랴.

(2002. 10)

6월의 유학산

예로부터 신령스런 선학과 신선은 서로 상징적 대상으로 알려진다. 그리하여 이들은 평화롭고 아름다운 자연의 품속에서 영원을 꿈꾸며 살아간다.

여기 칠곡군의 다부동多富洞은 이름 그대로 모든 것이 넉넉한 산골이다. 그리고 신선이 학과 더불어 노닌다는 유학산遊鶴山이 두 날개를 멋스럽게 뻗어 펼쳤다.

신선과 선학이 노니는 선경에 예스런 이야기가 없을 리 없다. 어느 이름난 집안의 후손이 유학산에 모신 조상의 무덤을 다른 곳으로 옮기려 했다. 그런데 후손의 꿈에 조상이 나타나서 이장하지 말라는 당부였다. 그러나 계획대로 무덤을 파헤치자 학이 날아올라 어디론가 사라졌다는 전설이다.

유학산을 중심으로 학산리, 소학산, 학바위, 황학지 등 '학'

이 따라다니는 이름이 여기저기 수두룩하다. 아마도 그때 무덤에서 날아간 학과의 인연인지도 모른다.

여기 팔재는 유학산에 딸린 주차장이다. 그리고 '유학산 6·25 격전지 순례 탐사로' 8.5km의 기점이기도 하다. 반세기가 지난 역사의 안내판을 보기만 해도 누구나 가슴이 뭉클해지리라.

1950년 6월 25일 새벽, 뜻밖에도 북쪽에서 물밀 듯이 38선을 넘어들었다. 그리하여 서울을 거쳐 8월에는 낙동강을 건너 대구의 목을 조르려 들었다. 이때 빚어진 처참한 광경이 6·25의 비극 중에서도 비극인 다부동 싸움이다.

유학산 일대를 둘러싸고 15차례나 주인이 뒤바꾸니 그 싸움터다. 낙동강이 피로 물들고 능선 따라 봉우리마다 골짜기가 수만의 주검으로 뒤얽힌 역사의 현장이다. 오늘날에도 아버지의 시체를 찾아다니는 아들이 있고, 너와 나를 가리지 않는 유골 발굴작업이 이어진다.

팔재에서 올라온 도봉사는 쉰길바위 아래쪽에 아슬아슬 자리 잡았다. 녹음테이프가 저 홀로 낭랑하게 목청을 가다듬는 한낮의 나무아미타불이다.

등산길 입구의 통나무 계단 양쪽에서 허리 굽힌 장승이 공손히 맞이한다. 그리고 어떻게 알아챘는지 앞길에는 옹달샘도 없는데, 산신각 들머리에서 물이라도 장만하셨소? 하는 눈빛이다.

그런대로 다듬어진 순롓길 등산로다. 싸움이 한창이던 그때 그 고난의 계절이 새삼스레 짐작된다. 커다란 바위 아래 쉼터에는 부스러진 조각돌만이 널려 있다.

바위는 죽지 않는다. 비록 몸이 헐어서 조약돌이 될지라도 돌은 썩지 않는다. 인생의 길고 먼 나그넷길에서 도중하차하는 것이 아니다. 끝내는 하잘것없는 돌가루가 되더라도 세상의 끝까지 지켜볼 바윗조각들이다.

저 벼랑길에서는 수많은 아들과 남편이 계곡 깊숙이 미끄러졌으리라. 그리하여 흐려져 가는 하늘에 어머니!를 부르던 마지막 쉼터가 어찌 한두 곳이었겠는가.

휜칠한 헬리포트에서 잠시 올라온 해발 839m, 유학산 정상이다. 오늘날, 360도로 전망이 열린 이 유학정(팔각정)에 깃발을 휘날리며 소리 높이 승리의 만세를 외칠 사람은 아마도 없을 성싶다. 팔공산과 가산산성은 이 시간따라 희부연 안개 속이다.

6·25가 쓸고간 뒷자리
이제는 짙푸른 숲바다다.
어디서 무얼 하든
같은 겨레붙이 소나무들.

한사코 자르지 않아도
그 속내 나무결이

믿음으로 열리는 날
얼마나 알뜰한 사랑이려냐.

저기,
한숨의 능선을 따라
질식의 골짜기마다
새싹들은 저토록 무성한데……

신선대는 유학산 제1의 경관을 자랑하는 전망대라 하겠다. 어지럽고 사납던 그 계절도 어느덧 50여 년이 지나건만, 이제껏 돌아오지 않는 신선의 나들이는 아직도 멀었나 보다.

오늘따라 멧새도 울지 않는 유학산이다. 사뭇 이리저리 기웃거리며 오르내리는 6월의 유학산이다.

(2004. 6)

임자 없는 나그넷골

경기도 검단산黔丹山의 산줄기가 서쪽으로 이어지다 마지막으로 나지막이 객산客山을 이루었다. 떠돌이 시인 김삿갓이 아니라도 뜻있는 사람이라면 누구나 잠시 올랐다가 지나가는 나그네 산이다.

아늑한 산기슭, 호젓한 법성사는 온통 봄빛으로 아롱졌다. 졸졸거리며 굽이도는 시냇물이 한결 자유롭게 느껴지기도 한다. 옛날에는 어용수御用水로 쓰였다는 약수가 바위틈을 비집고 한사코 솟아나온다. 그러나 오늘날에는 마시는 사람이 그때마다 약수의 주인인 셈이다.

까치들이 깍깍거리며 높다란 나뭇가지 사이를 날렵하게 날아다닌다. 저 깍깍거리는 속내가 무엇이든 알 바 아니다. 불경을 외우든 노자의 도덕경을 되새기고 구약의 시편을 되풀이하든 저네들의 마음대로다. 예로부터 동양의 숲속에서는 공맹孔孟의 바람이 일고, 서양의 성벽에는 아침저녁으로 성당의 종소리가 울려 퍼졌다.

예쁘장한 동자중의 어깨 위에 까만 고양이가 올라앉았다. 그리고 오지랖에는 흰쥐가 달라붙었다. 이들 천적을 똑같이 감싸 받아들인 동자중의 반쯤 감고 열린 눈이 어쩐지 지레 익은 다래처럼 보이기도 한다. 저 흰쥐의 임자는 고양이도 동자중도 아니다.

올라왔던 길을 되짚어 내려가는 숲길이다. 약간 도톰히 내민 돌부리를 육중한 소나무가 굽어보고 있다. 언젠가 베트남의 전쟁박물관에서 보았던 모뉴먼트가 떠오른다.

정문을 들어서자 나란히 누운 돌무덤 위에 녹슬은 철모가 놓여 있었다. 그리고 그렇게도 생명으로 믿었을 소총이 아무도 거들떠보지 않는 막대기처럼 맥없이 버려졌었다. 그런데 그 곁에서 온갖 세상 바람을 겪은 커다란 자작나무가 싸움이 빚어낸 그 현실을 물끄러미 굽어보고 있었다.

바람도 깜박 숨진 산기슭이다. 바람에게는 정해진 고향이 없다. 이곳에서는 그저 나뭇잎에서 놀다가 숲속으로 사라질 따름이다. 이것은 바람의 생리이자 그 질서이기도 하다. 자연은 사시사철 나름대로의 변함없는 질서 속에 보람과 즐거움을 마음껏 누린다. 그런데 어수선해지는 지구촌의 질서를 아쉬워하는 사람들의 목소리가 아련히 들려온다.

당초에 크고 많은 것을 바라지 않는 나그네산의 됨됨이다. 아까 올라갈 적에는 미처 몰라보았던 알림판 하나가 의젓이 버티고 섰다. 세금을 매기기 위하여 이 일대의 땅 주인을 찾는다는 또렷또렷 굵직한 글씨다.

까닭이야 어찌 되었든지 요즈음 이 세상에 땅의 임자가 나타나지 않는다는 나그네골이다. 나그네골의 주인은 처음부터 누구에게나 거저 베풀기만 한 나그네골의 자연 그 자체가 아니던가!

「객산」이다. 「나그네골」이다.
애초에 이름 타고나온
산도 골짜기도 아니다.
자연의 품안에서는 자칫
그 임자를 몰라본다며
포르르 멧새가 날아간다.
그럼, 또
이 봄날의 주인은 누구냐고
진달래도 활짝 어우러졌다.

(1995. 5)

거쳐가는 5마당

오랫동안 떨어져 살던 벗을 지나가는 길에 잠깐 만난다는 것은 그리운 우정이 아닐 수 없다.

언젠가 보았던 곳을 또다시 들러보는 그리움이 또한 흐뭇한 것이다.

그 동안에 어떻게 얼마나 달라졌는지 보고 싶어 하는 것이 사람의 마음이다. 그리하여 겉모양이나마 건성건성 수박 겉핥기에 지나지 않는다.

소흥의 삼미서옥

소흥紹興은 술로 유명하지마는, 문호 노신魯迅이 태어나서 자란 고향으로 더욱 널리 알려진다.

노신이 어릴 적에 공부했다는 삼미서옥三味書屋을 찾는 사람들의 발길이 오늘날에도 끊이지 않는다.

삼미서옥!

책에 따라 세 가지 맛이 난다는 단칸방 학교의 이름이다.

논어와 같은 경서에는 쌀이나 기장과 같은 주식의 맛이 깃들어 있고, 사서史書에서는 생선과 고기 요리의 맛이 난다. 그리고 노자와 같은 제자백가諸子百家에는 시고 짠 맛이 있어, 한쪽으로 치우치지 말고 널리 읽도록 권장하는 뜻에서리라.

아직도 제자리에 놓여 있는 노신의 책상 위에는 일찍 조早자가 그대로 뚜렷하다. 지각을 하여 꾸중을 들은 노신이 스스로를 깨우치기 위해 손수 새긴 것이라 한다.

세상이 여러모로 많이도 달라지고 하늘이 두루 열려가는 어제 오늘이다. 70년 전, 그가 상해上海 시절에 간절히 읊은 「부르짖음」이 새삼스레 떠오른다.

> 글을 즐기다 글 그물에 걸렸네.
> 세태에 저항하여 세상 물정에 어긋나
> 쌓이는 비난은 뼈를 깎는 듯,
> 헛되이 머무는 지상紙上의 소리.
>
> (필자 옮김)

서호의 보름달

소흥紹興에서 50km, 전당강錢塘江을 건너서 '항주杭州야!' 하고 부르면, 서쪽에서 '예'하고 서호西湖가 대답한다. 항주하면 곧 서호, 서호란 절세의 미녀 서시西施로 말미암아 붙여진 이름이라 하겠다.

예로부터 수많은 시인 묵객의 마음을 사로잡은 풍치가 뛰어난 호수다. 서호 10경 중에서도 호수 가운데 섬이 있고 이 섬 안에 또 4개의 호수가 있는 삼담인월三潭印月이 으뜸으로 손꼽힌다.

치렁치렁 길게 드리운 실버들의 머리채를 조심스레 비켜가는 사람들……. 그리고 고풍스런 정자에 올라선 저 젊은 연인들에게는 맑게 개인 한낮보다도 보슬비 내리는 어스름 달밤이 더 어울리리라.

교통선이 떠나는 나루터를 일러 주는 아가씨가 자상하기도 하다. 기념으로 건네받은 크림의 뚜껑을 살며시 열어보는 얼굴이 보름달만큼이나 환해 보인다.

황산의 어제와 오늘

황산黃山이 구경꾼으로 붐비기는 어제나 예나 마찬가지다.

따라서 전산前山과 후산後山을 가리지 않고 늘어난 것이 숙박 시설과 가게다.

꽃과 나무를 사랑으로 보살피자.
쓰레기는 쓰레기통에
담배는 정해진 곳에서

이 단순한 기본 질서가 가까스로 제자리를 잡은 오늘날에 이르기까지 그토록 오랜 세월을 앗아갔나 보다. 어쩐지 그 지루한 세월이 남의 일만은 아닌 성싶다.

나그네를 맞이하고 보내는 영객송迎客松과 송객송送客松 두 소나무는 예나 다름없는 제자리다. 계절이 바뀌고 세월은 흘러갔어도 한결같이 반기고 아쉬워하는 눈빛이요 몸짓이다.

해발 1,860m 광명정光明頂에서 건너다보이는 비래석飛來石은 하늘에서 날아온 바윗돌이라 전해진다. 높이 12m 정도의 균형 잡힌 고운 몸매다. 저 비래석 또한 황산을 더욱 빛내기 위해 말없이 제자리를 지키는 본보기라 하겠다.

가장 중국다운 예원

상해에서 중국 고유의 빛과 맛과 멋을 그대로 간직한 가장 중국다운 곳은 예원預園이라 하겠다. 20㎢의 대지에 20년이라는 세월을 투자한 명대明代의 개인 정원이다.

심지어 산까지 만들어 갖춘 이 예원은 그야말로 하나의 이상향이다. 여러 나라에서 찾아온 사람들이 저마다의 눈높이에서 나름대로 시간을 즐기는 낙원이다.

유달리 4백여 년의 나이테를 두른 은행나무 아래에서는 누구나 이 기높고 맑은 기품을 우러러보게 마련이다. 이와 같은 나무가 어찌 은행뿐이랴.

몹시 붐비는 관광객 덕분에 혼자만의 차분한 시간과 장소를 차지할 수 없는 것이 아쉽기는 하다. 그러나 이것은 아직도 마음이 흔들리는 탓이리라.

아차! 홍구虹口공원을 노신魯迅공원으로 고쳐 부르게 되어, 우리 윤봉길尹奉吉 의사義士의 이름이 자칫 소홀해지지나 않을지 모르겠다.

하나가 되는 물

외탄外灘은 상해上海에서도 이름난 국제적인 지역이다. 갖가지 물자를 가득 실은 짐배들이 마치 노예처럼 줄줄이 묶여서 자그마한 선도선에 힘겹게 이끌려간다.

커다란 교통선과 호화로운 유람선들이 끊임없이 지나다니

는 황포강黃浦江이다. 한가롭던 정크의 콧노래도 이제는 멀리 흘러가 버린 옛이야기다.

고양이의 시체가 홀로 떠내려가는 화려한 번드의 쓸쓸한 저녁나절이다. 목포 해양대학의 「새누리」호가 닻을 내리고, 상해의 국제 바람을 한껏 호흡하고 있다.

번드의 부두를 떠나 내려온 지 90분이 지난다. 우리의 배는 삼차항三岔港을 지나 우송구吳淞口에 이르렀으니 황포강도 끝난 셈이다.

이윽고 장강長江과 황포강 그리고 바닷물이 저마다의 빛깔로 경계를 이루는 삼협수三挾水다. 그러나 이들은 얼마 아니 가서 맑고 푸른 바닷물로 하나가 된다.

배는 다시 황포강으로 들어 번드로 되돌아간다. 그리하여 내일의 뱃길을 기약하며 또 시간을 기다려야 한다.

검고 흐리고 푸르고
빛깔이 서로 다른
황포강과 장강 그리고 바다.
이들은 스스로를 잊고
자연스레 하나가 되는 물.
이리하여 바다는 언제나
너그러운 가슴에
그토록 속이 깊은가 보다.

(2004. 10)

프라하의 봄

비행기는 지금 우랄산맥 언저리의 맑은 하늘을 날고 있다. 젊은이들은 재치 있고 스릴 넘치는 알프스를 좋아한다. 그리고 생각 깊은 철인의 모습으로 의젓하기는 히말라야라 하겠다.

어느덧 멀리 사라지는 원시 원색의 대자연, 우랄의 산줄기다. 이젠 체코의 프라하도 멀지 않다. 그리움이란 언제나 가슴을 설레게 하는가 보다.

겨울이 물러난
프라하의 봄이여.
유채꽃 개나리꽃
노랗게 어우러져

한사코 성밖까지
마중 나왔나.

제2차 세계대전이 끝나갈 무렵, 체코슬로바키아는 또다시 몸집이 큰 이웃의 올가미를 쓰게 되었다. 그로부터 20여 년이 지난 1968년 8월 20일, 귀도 눈도 없는 전차 앞에 죽음으로 맞선 민주화의 바람은 드디어 「프라하의 봄」을 맞이한 것이다.

두고두고 그리던 「프라하의 봄」은 생기에 넘쳐 빛나 보인다. 그런데 어쩐지 「5·18」의 그때가 되살아난다.

1980년 5월 18일.
빛을 잃은 빛골은
어둠골로 접어들었다.

무등산은 생기를 잃고
영산강은 짙누렇게 자지러졌다.

문화의 거리 역사의 골목마다
민주화의 아우성 속에
젊은 피로 빨갛게 물들었다.

멀쩡한 시민들이

들녘에서 산기슭에서
독슬은 총칼 앞에
수없이 사라졌다.

"계엄군이 밀려와요!
또 다가와요! 강 건너 와요!"

마지막 날 새벽,
뛰어다니며 울부짖던
그녀의 그 다급한 목소리가
아직도 귓전에 쟁쟁하다.

물끄러미 달을 바라보는 망월동.
그들만의 저승 마을에도
계절 따라 봄은 찾아온다.

그리고
어김없이 꽃이 핀다.

유달리 많은 궁전과 성당 그리고 갖가지 문화 시설 아니, 시가지 전체가 조형예술의 극치를 이룬 프라하의 거리다. 유네스코는 지난날의 역사가 넘쳐흐르는 이 예술의 도시를 세계 문화유산에서 빠뜨리지 않았다.

볼타바 강물이 내려다보이는 여기, 프라하성 광장은 프라하천 년 역사가 펼쳐진 무대이기도 하다. 더욱이 자유와 독립을 외치며 피를 뿌린, 뜨겁게 달아오른 생명의 마당이다.

「프라하의 봄」
이 얼마나 간절한 소망이더냐.
듣기만 해도 가슴 설레는
너와 나 우리 모두의 봄이다.

「프라하의 봄」
되풀이되던 겨울과 겨울.
피나는 한밤의 꿈속에서도
꼬옥 껴안던 그 이름이다.

왕궁과 성당이 에워싼 가운데 독립투사 후스의 동상이 사람들의 눈길을 모으고 있다.

"진실은 이긴다."

자랑스런 그의 비명에 곁들인 이 평범한 구절이 어찌 이리 발길을 더디게 하는지 모르겠다.

볼바타 강은 프라하의 젖줄이자 상징이다. 그리고 아까 지나온 고딕 양식인 저 카를 다리는 길이 516m 전체가 하나의 번화한 거리다. 그리하여 밤낮을 가리지 않고 모여든 사람들로 잠시도 눈코 뜰 겨를이 없다.

자동차가 다니지 않는 카를은 유럽에서 가장 아름다운 다리로 꼽힌다. 그 기둥과 난간에 새겨진 수많은 성인들의 조각상은 체코를 떠받는 받침대이기도 하다.

그들은 쉴 새 없이 이 거룩한 광장을 눈여겨 지켜보고 있다.

광장에서 「황금의 골목」을 내려간다. 그 옛날 성에서 일하던 사람들이 닥지닥지 모여 살던 골목이다. 22번지에 「카프카 : KAFKA」라는 표찰이 눈에 띈다. 실존주의 작가 카프카가 1916년께 작품 생활을 했다는 판잣집이다.

오늘날 이 판자촌은 진귀한 기념품을 찾는 관광객으로 들끓는다. 예스럽고 낡은 유물이라면 돌아보지도 않고 마구 없애 버리려는 풍토(?)와는 사뭇 대조적이다.

예스런 판잣집 골목에도 웃음꽃이 가득한 「프라하의 봄」이다.

(2005. 4)

천도호 할매

1, 078개의 크고 작은 섬들이 하나의 호수에서 오순도순 살아가는 곳. 중국이 세상에서 가장 빼어난 물이라고 아낌없이 기리는 천도호千島湖다.

날이 새기도 전에 천도호진千島湖鎭의 부두를 떠난 여객선 황산호黃山號는 새벽잠도 없는가 보다.

이윽고 아침이 밝아오자 섬들이 멀리 가까이 다투어 제 모습을 드러내기 시작한다. 따라서 잠잠하던 손님들의 눈 움직임도 활발해진다.

중심호구中心湖區를 비롯한 다섯 호구가 자연 풍경과 인문 경관, 아취野趣 등으로 저마다 특색을 갖추었다. 그리하여 천도호는 그 끝이 보이지 않는 하나의 박물관을 이룬 셈이다.

곳곳에서 등대와 부표가 길잡이 노릇을 하는 잔잔한 물길이다. 꼬리에 꼬리를 이어물고 돌아가는 섬과 섬. 섬마다 감푸르게 우거진 높고 낮은 봉우리들. 마치 우렁잇속을 더듬어가듯 조심스런 황산호의 발걸음이다.

낚싯배도 보이지 않는 물가 산기슭에 인간 세계는 천리나 멀다. 성급한 단풍이 벌써 가을맞이 채비에 나섰나보다. 그런데 저기 오막살이에는 누가 사는 것일까?

천섬 굽이굽이
돌아가는 호숫가에
오막살이 집 하나
세상은 천리나 멀다.

바위 서리 밭뙈기에
무 배추 살아났나
살짝 엿보고
돌아서는 저 할매.

지레 띄울 사연도
뒤로 미룰 일거리도
모르고 사는 세월 속에
할미새는 어찌 울지도 않나.

수많은 배들이
365일 아무리 쏘다녀도

저 할매의 하루에도 못 미치리.

어지럽고 사나운 물결
한결같이 마다하고
겉모습 쓸쓸한 호숫가에
바보스런 한평생.

낮이면 밤마다
높은 하늘 더욱 맑아라
넓은 호수 더더욱 푸르러라.
손모아 비는 늘푸른 할매.

배질 4시간 만에 황산호는 심도深渡에 다다른다. 그리고 크게 숨을 내쉰다.

황산黃山 방면으로 떠날 버스가 기다린다는 소식에 손님들의 마음은 더욱 바빠진다.

(2004. 10)

비바람 덕분에

그 동안 별러오던 야쿠시마屋久島 섬에의 길이다. 그런데 뜻밖의 태풍으로 가고시마鹿兒島에서 발이 묶인 것이다.

이리하여 큰바람이 수그러질 때까지 여태껏 미루어오던 몇몇 숙제를 풀기 위해 길을 잡는다. 비록 겉핥기나마 이 또한 비바람의 덕분인가 보다.

92살 아가씨

가고시마鹿兒島의 토박인 오가와 미도리小川 翠 안노인은 국민여관의 주인이다. 짜랑짜랑 울리는 목소리에 걸음걸이가 영락없는 20대의 발랄한 아가씨다.

10개의 방을 갖춘 2층 여관의 모든 일을 혼자서 처리하는 사장이자 주방장이며 미화요원이요 심부름꾼이다. 생필품의 구입부터 많은 화분의 시중까지 들어야 하는 처지다. 대문은 항시 열려 있어서 문지기 구실만은 면한 셈이다.

심수관 씨를 찾아가는 교통편을 소상히 일러주면서, 자주 전화를 달라고 한다. 태풍이 시들면 섬으로 건너가는 연락선 예약을 다시 하겠다는 것이다. 기념사진을 찍겠다는 카메라를 향해 마치 여고 시절로 돌아간 듯한 수줍은 포즈를 취한다.

혼자서 여관을 운영하는 92살의 노인 아가씨는 바쁜 가운데 한가로운 나날이 살아 있는 행복이며 보람이라고 한다. 아들이 함께 살자고 하지마는 각자의 삶이 있지 않느냐며 녹차를 따른다.

14대 심수관

여기 이쥬인伊集院의 미야마美山에도 태풍의 입김이 다가오는지 나뭇잎이 흔들리기 시작한다. 사쓰마 야키薩摩燒 종가宗家 14대 신쥬칸沈壽官입니다 하며 걸어 나오는 폼이 이미 이물없는 사이처럼 여겨진다.

임진왜란 때 이곳으로 끌려온 지 400여 년, 15대에 이르는 오늘날이다. 간소복 차림으로 마주앉은 심씨의 입가에서는 아름다운 도예의 꽃이 잇따라 피어난다. 세계적으로 이름난 도예가의 혀끝에서는 조상과 흙의 얼이 빛나는 가마솥의 불꽃처럼 훨훨 타오른다. 도공들의 순수한 정신이 그대로 도기에 반영되어 고려의 청색, 조선조의 백색으로 빚어진 것이 아니냐고 말한다. 그러면서 욕심이 없는, 순수한 막걸리 한 잔을 원하는 마음이 바로 청자요 백자라는 것이다.

이에 반하여 냄새와 빛깔이 짙은 것이 일본의 특징이다. 그런데 한국인은 일본의 눈으로 보려고 한다. 이를 흉내내려고 한다. 민족의 눈으로 보아야 한다고 힘주어 말한다.

이러저러하는 동안에 시간도 어지간히 지났나 보다. 대문을 나오면서도 「대한민국 명예 총영사」라 덧붙인 문패가 또다시 뒤돌아 보인다.

에비노 고원에서

기리시마 야쿠霧島屋久 국립공원을 이루는 표고 1,200m 에비노 고원えびの高原이다.

「백제의 마을」에 들러, 안녕하세요 반갑습니다라고 인사라도 나누고 싶었지만, 한국韓國이란 산의 이름에 저절로 이끌려 왔다고나 하자.

제철을 만난 진달래는 태풍이 그리도 좋아서 미친 듯이 웃음을 터뜨리는 것일까? 아니라면 너무 두려워서 몸부림치는지도 모른다. 하기야 간밤에는 심한 비바람으로 바깥출입도 못하지 않았던가.

버스 정류장으로 가는데 몸을 가누기 어렵다. 태풍의 마지막 발악인가 보다. 때마침 아무런 조건도 내세우지 않고 어서 올라타라는 택시 운전사의 마음씨에 사납던 태풍도 한풀 꺾였나 보다.

고바야시小林로 가는 버스는 가라구니다케韓國岳를 가까이 쳐다보며 그대로 지나간다. 1,700m 정상에서 한국이 보인다는 산, 건국에 이바지한 가라구니 노미코토韓國命에 유래한 이름으로도 알려진다.

그토록 거센 비바람도 이제는 잠잠해졌다. 내일의 뱃길이 기다려진다.

먹구름이여.
지나친 비바람이여.
이젠 거친 숨을 고르시라.
풍신風神, 우사雨師
꾸중 내리실라.

(2003. 5)

구봉산의 눈동자

만나는 사람마다 이번 추석을 어떻게 보내겠느냐는 물음이다. 대답이야 매양 한가지다. 요즘은 해가 지면 가을 저녁인데, 추석이라고 새삼스레 별다른 계획이 따로 있겠는가.

이런 정도로 가볍게 웃어넘기지만 그렇다고 이대로 앉아 있을 명절이 아니다. 그리하여 되도록 사람의 발길이 뜸한 외진 곳을 찾아 나서게 마련이다.

인천의 월미도에서 영종도를 거쳐 신도에 이르는 교통편이 배와 버스 다시 배 등으로 징검다리 연휴를 닮았다. 그다지 붐비지 않아 다행이다.

느긋이 돌아 오르는 구봉산의 허릿길이 경쾌하기도 하다. 사람은커녕 바람마저 깜박 숨진 이 한낮.

나무들은 어쩌면 이토록 빽빽이 모여 사는 것이냐. 아무도 다치지 않는 세월 속에 너나없이 평온한 세상이다.

온 산을 뒤덮다시피 한 벚나무와 진달래의 꽃철은 이미 지났다. 전북 진안에 있는 구봉산을 떠올리며 올라가는 발길이 갑작스레 저절로 멎는다. 빨갛고 희고 분홍빛의 부드러운 꽃잎이 자아내는 '소녀의 순정(꽃말)'에 그만 눈이 부시다 못해 가슴이 두근거리며 멍해진다. 한창 제철을 맞이한 코스모스가 사람의 넋을 뽑아내는 것이다.

이윽고 나타난 구봉정은 전망대 구실을 하는 아늑한 쉼터다. 멀리 가까이 크고 작은 섬들이 저마다 부푼 꿈을 가꾸며 오순도순 살아가는 서쪽 바다다.

향락객들의 계절도 한물 지나가고, 이젠 섬마다 한숨 돌리겠다. 빤히 건너다보이는 영종도의 삼목부두로 나룻배가 떠난다.

심청이가 인당수를 바라보며 서 있는 백령도의 그 산마루는 보이지 않는 수평선 너머다. 신도와 시도를 이은 580m의 연도교가 길게 곧은 금을 그었다.

고삐 없는 어미 소를 따라 졸랑졸랑 송아지가 올라온다. 이들을 돌보는 할아버지의 허연 머리카락이 영락없는 갈대꽃이다. 한평생의 발자취가 구릿빛 얼굴에 고스란히 주름잡혀 빛나 보인다.

푸른 바다와 하늘 그리고 짭조름한 바람과 더불어 자란 넓은 가슴 깊은 마음. 이것은 뿌리 깊이 이어 내린 이곳 사람들의 유산이리라.

심심풀이 삼아 자주 올라온다는 할아버지는 송아지의 약물 마시는 모습이 너무 귀엽고 흐뭇하다고 한다. 그러면서 '성지 약수' 쪽을 가리킨다. 그다지 멀지 않은 약물터는 깨끗한 분위기다. 쓰레기통이 없는 곳에 쓰레기가 있을 리 없고, 꽁초와는 아예 인연이 없는 먼 나라다.

하늘을 나는 새들의 행렬에서, 물고기 떼가 우글거리는 물속에서 그들이 서로 부딪히는 교통사고를 보았는가. 방향을 잃은 제멋대로의 바람이 사람들의 마음을 어지럽게 한다. '빨리 빨리'만을 앞세운 마당에서는 넘어지게 마련이라면서, 조각구름이 가다 말고 지그시 굽어본다.

나를 버리고 나를 찾으라는 간절하고 시원스런 가을의 소리다. 헛된 욕망의 씨앗을 버리고, 깨끗이 비운 마음의 그릇에 알찬 삶의 양식을 차곡차곡 담으라며 날아가는 멧새의 메시지다.

등산로를 비켜서 정상 가까이 올라온 숲 그늘에 뜻밖의 옹달샘이 반갑기도 하다. 마치 엄마의 품에 안겨 새근새근 꿈나라에서 노니는 귀염둥이의 모습이다. 그 고운 꿈이 행여나 다칠세라 조심조심 다가앉은 구봉산 옹달샘의 한가위다. 넌지시 굽어보는 해맑은 물낯 가득히 자연의 기운이 어른거린다.

사람의 발길이 그다지 닿지 않는 무관심 지대인가 보다. 한가위의 선물치고는 지레 짐작도 못했던 귀한 보람이다.

이름도 없이 숲 속에 숨어 버려진 옹달샘. 그러나 낮에는 순박한 이웃들과 이야기를 나누고, 밤이면 별들의 아름다운 눈짓 속에 더욱 초롱초롱 빛나는 마음의 등불이다.

신비로운 우주의 생명력이 고스란히 들어앉은 옹달샘이다. 그리하여 걷잡을 수 없는 인간 세계를 훤히 꿰뚫어보고 있는 것이다. 바람 소리, 벌레 소리에도 천지의 조화를 지레 점치는 옹달샘이다.

가을 바람 소소히 바다를 건너 산으로 올라오면 억새풀도 고개 숙여 기도하리라. 우리네 마음의 샘물은 퍼낼수록 맑아지고, 흙구덩이는 파낼수록 커지게 마련이다.

순박한 섬. 서로 믿고 사는 섬 신도. 이 옹달샘은 마음으로 지켜보는 구봉산의 등불이다.

미더운 섬 신도.
깜박 잊혀진 숲 속에
버려진 듯 묻혀 사는
옹달샘 하나.

갈잎 어른거리는 물낯이
외로워서 더욱 빛나.
너는 영락없는
구봉산의 눈동자다.

못다 핀 꽃

도쿄 나리타成田 공항에 내리자마자 곧바로 보소房總반도의 남쪽 끝인 항구 도시 다테야마館山로 떠난다. 거센 갯바람에 모래의 세례를 받으며 찾아든 민박의 저녁밥상이 해산물 일색이다.

아침 일찍 찾아온 여기 「가니다 후진 노 무라蟹田婦人の村」는 종군위안부들이 모여 사는 복지 시설이다. 「가니다」는 마을 앞을 흐르는 냇물 이름이라는데, 게가 기어 다닌 논이라는 뜻에서일까? 처음부터 자원 봉사에 나섰다는 아마하미치코天羽道子 시설 관리과장이 관리사무소로 안내한다.

올해 73살인 아마하 과장은, 몸도 마음도 찢길 대로 갈라진 할머니들이지만, 이 세상에 아무 쓸모없는 사람이 어디 있겠어요? 각자의 취향과 능력에 따라 무엇엔가 여생을 맡기고 있는 곳이 이 콜로니라고 한다. 그러면서 「나눔의 집」의 혜진彗眞 스님이 다녀갔다고 덧붙인다.

서울에 있는 일본대사관 앞에서는 수요일마다 할머니들의 시위가 벌어진다. 일본군에게 억지로 끌려갔다가 기적적으로 살아 돌아온 위안부들의 모임이다.

지난 3월 8일(수요일이자 세계여성의 날) 401번째의 시위가 끝날 무렵, 간밤을 「나눔의 집」에서 보냈다는 야마구치 대학山口大學의 후지모토藤本 여학생이 자유발언대에 올라섰다. 그리고 일본은 위안부 문제에 대해 정식으로 사과하고 빨리 보상해야 한다며 소리 높이 외쳤다. 대사관 직원들도 어느 문틈으로 그 광경을 엿보았을 것이다.

세월과 마음을 서로 나누며 사는 「나눔의 집」은 광주군 퇴촌의 큰골산 기슭에 차분히 자리 잡고 있다. 반세기 전에 일본군이 중국을 비롯한 아세아 전역과 태평양의 섬들을 침략한 곳곳마다 짐승처럼 끌려다녔던 일부 할머니들의 마지막 보금자리다. 개도 체념한 운명처럼 세상을 꿰뚫어 본 철인같이 동백꽃 그늘에서 옴쭉도 하지 않았다.

그래도 이 할머니들은 살아서 땅이라고 밟아 본다. 10년 전 하코다테函館에서 만났던 그 안노인의 말이 떠오른다. 전쟁이 한창이던 무렵, 밤낮으로 시달리다 못한 조선 소녀들은 다치마쓰미사키立待岬의 바위 끝에서 어머니를 부르며 바다에 몸을 던졌다면서 끌끌 혀를 찼다. 우리 소녀들이 끌려다닌 곳마다 비통의 「아이고 절벽」이 있고, 고향을 그리던 「아리랑 고개」가 있다.

천안의 태조산 기슭인 「망향의 동산」은 언제나 외롭다. 일찍이 일본에 의해 나라 밖에서 억울하게 숨진 동포들의 위령비가 빗살처럼 촘촘히 들어섰다. 가장 안쪽의 위령비에는 사이판·테니안에서 숨진 소녀 60명의 영혼도 깃들어 있다.

그런데 동산의 들머리에서 고개도 들지 못하고 마치 깔방석처럼 땅바닥에 납작하게 엎드려 비는 네모꼴의 빗돌이 있다. 한글과 일본말로 새겨진 「사죄의 비문」이다.

「당신은 일본의 침략 전쟁 때문에 강제 징용 연행되어 귀한 생명을 빼앗겼습니다. 나는 죽은 뒤에도 당신의 영전에 무릎을 꿇고 용서를 빌겠습니다. 당시 징용대장 요시다 세이지吉田淸治 1983. 12. 23」 (필자 요약)

일본군은 1945년 8월 15일 연합군 앞에 무조건 무릎을 꿇기까지 청순한 백합처럼 망울져 오른 수만 명의 우리 소녀들을 강제로 끌고 다녔다. 그리하여 생명으로 여기는 처녀성을 밤낮으로 짓밟아 망가뜨렸다. 때로는 말을 듣지 않는다고 칼에 찔리고, 더러는 병을 앓다 알몸으로 버려져 죽은 그 처참한 원한의 넋들이 과연 이 비문을 거들떠보기나 할지 모르겠다.

진혼비를 보러 오셨으니 그럼 안내하겠다면서 앞장선 아마하 과장의 발걸음이 나이답지 않게 가벼워 보인다. 여름밀감이 노랗게 익은 가니다 농원을 지나서 빵·우유·도자기 등의 생산 공장을 스쳐 느긋이 올라간다. 길섶에 피어난 매화와 동백꽃 그리고 갖가지 야생화가 진혼비로 이어졌다. 언덕 위의 교회당부터 들러 가자고 한다. 계단을 내려간 넓은 지하층의 납골당에는 42명의 유골상자 위에 각자의 사진이 놓여 있다. 모두 젊은 날의 모습들이다. 맨 처음에 종군위안부라고 자칭해 나섰다는 시로다城田 스즈코 여인이 돋보인다. 7년 전에 71살로 삶을 마친 이 시로다 여인이 진혼비를 세우도록 했던 것이다.

여생을 조용히 보내려고 「가니다 마을」에 들어온 시로다 여인은 도저히 밤잠을 이룰 수가 없었다. 그것은 파라오섬에 함께 있었던 조선 소녀들의 그 비참한 모습이 밤마다 나타나, 사나운 꿈에 시달려야만 했다.

괴로움에 허덕이다 못한 그녀들은 고향에 가고 싶다고 울부짖으며 수없이 남태평양의 물거품으로 사라졌다. 몸도 마음도 바삭바삭 삭아버린 14살짜리는 정글 속에 버려져서 짐승들의 밥이 되기도 했단다. 이리하여 그 안타까운 넋을 달래기 위해 세워진 진혼비가 이제는 모든 위안부의 넋을 한 몸에 끌어안고 있는 것이다.

울창한 숲길을 벗어나자 진혼비가 옛날 해군의 포대 진지였던 후타고야마双子山(쌍둥이산)의 이모토야마妹山(누이산) 정수리를 내리 딛고 서 있다. 그런데 까마귀는 어쩌자고 저리도 까옥거리는지…….

거칠거칠한 화강석의 받침대 위에 선 둥글넓데데한 진혼비가 그리운 눈빛으로 언니를 쳐다보는 듯, 그리고 거울같이 맑은 바다, 가가미가우라鏡が浦를 옛 얼굴인 양 굽어보고 있다. 그러면서도 뾰족한 머리끝이 하늘을 향해 그 무엇을 호소하는 빗돌낯에 힘차게 내리 흐려 새겼다.

「희 종군위안부噫 從軍慰安婦」

하기야 이 마당에 무슨 자질구레한 말이 필요하겠는가. 그저 가슴 아픈 한숨만 나올 따름이다. 여기에 「종군」이란 말은 군국주의의 입맛에 맞는 변명에 지나지 않는다. 돌아서는 바다 멀리 우리 옛 소녀들의 모습이 마치 신기루처럼 떠오르는 착각에 사로잡힌 아침나절이다.

그대 못다 핀 꽃이여.
아무리 찢기고 서러워도,
무너질 하늘과 땅은
따로 있다.

기사라즈木更津에서 도쿄 앞바다의 해저터널을 묵묵히 지나가는 버스가 마치 움직이는 납골당처럼 느껴진다. 그런데 몹시 붐비는 신쥬쿠新宿 역전에서 옛 상이군인의 흰옷차림에 군

모를 쓴 두 사나이가 북을 둥둥 울리며 군가를 소리 높이 불러댄다. 천황 폐하 만세라는 노랫말이 자주 튀어나온다. 그리고 「용 병단龍兵團 비루마(미얀마) 파견군 평화 전상戰傷을 빈다」는 표찰 앞에는 구원의 손길을 기다리는 상자가 놓여 있다.

당시 국菊 병단과 함께 미얀마로 파견된 용 병단은 분별없이 운남성雲南省까지 들어갔다. 그리하여 중일전쟁 8년 동안에 가장 치열했던 납맹拉孟에서 모조리 저승으로 떠났다.

그들은 그 최전선 그 판국에서도 위안부를 놓치지 않았다. 그들의 깃발이 불타던 마지막 날, 일본 여인들은 청산가리를 마셨으며, 우리 여성만은 운남군에 의해 살아남았다.

그 용 병단의 탈을 쓴 두 사나이가 그로부터 반세기가 훨씬 지난 오늘날, 도쿄의 한복판에서 이렇듯 쇼(?)를 벌이고 있는 것이다. 그러나 아무도 손을 내밀지 않는 무관심 지대다.

독스럽게 날뛴 미치광이 앞에서는 사랑도 양심도 십자가도 목탁도 아무 쓸모없는 군더더기에 지나지 않았다. 그러나 도망가지 못하도록 우리 소녀들의 앞가슴에 찍힌 문신 도장처럼, 한번 저지른 일과 지나간 시간만은 되돌릴 길이 없다. 사람의 정신이 아닌 망령들은 한번이라도 노신魯迅의 말을 들어보기나 했는지 모르겠다.

「피로 씌어진 역사는 먹으로 쓰여진 거짓말로는 지울 수 없다.」

(2000. 3)

3부

에베레스트 BC

바쇼의 옛길을 따라

홀로 가는 나그넷길

숲속의 돌베개

캄차카의 자연을 가다

모계사회 노고호

마음의 금강산

에베레스트 BC

세계의 지붕인 티벳 고원에는 거미줄같이 얽힌 많은 산줄기가 물결처럼 굼닐거린다. 그 가운데서도 많은 사람들이 그리워하는 것은 히말라야의 에베레스트이리라.

세월이 더 흐르기에 앞서 여태껏 별러온 초모랑마 등산 대본영大本營 곧 에베레스트 BC(베이스 캠프)에의 길을 나선다.

이끼 낀 돌탑마다
탈초가 휘날리고
비탈진 토굴에도
마리샤는 돌아간다.

타고난 오체투지
대지에 입맞추며,

삶과 자연이 하나되는

「옴마니 밧메훔」의 나라, 티벳.

티벳에 들어온 지 오늘로 엿새가 지난다. 가까이 다가선 해발 7,200m 설산雪山은 바라볼수록 눈이 부신다. 지나온 나가체 마을에는 비가 내렸는데, 저 허연 산에서는 눈발이 휘날린다.

카로라 고개를 한 서양 여인이 맨발로 내려가면서 눈인사를 한다. 이 성스러운 원시의 세계를 자동차나 때 묻은 신발로 지나가기가 죄스러운 모양이다. 야크의 무리도 카로라 빙하의 냇물을 조심스레 소리 없이 건너간다.

세갈을 지나서 판 고개를 길게 오르내렸으니 해발 5,200m 롬복 사원도 멀지 않았다. 절로서는 세계에서 가장 높은 이곳에서는 날저문 나그네가 묵어가기도 한다.

티벳 마음을 뜻한다는 노랑과 빨강, 파랑 등 다섯 빛깔의 탈초가 곳곳에서 생명으로 휘날린다. 커다란 스토파(불탑)가 7km 거리인 에베레스트 BC에의 오름길을 눈여겨보고 있다.

드디어 대본영, 구름 따라 고개 넘어 한사코 찾아온 해발 5,200m의 BC다. 그런데 그리던 그 님은 보이지 않고, 안개구름만이 자욱한 히말라야의 저녁나절이다. 더하여 풀 한 포기 없는 거칠거칠한 모래자갈땅에 한여름의 차가운 우박이 허옇게 내리 쌓인다.

그도 잠시, 아니 저런 저런! 저것은 또 어찌된 영문인가. 뜻밖에도 해발 8,846m 에베레스트가 허연 베일 속에서 살며시 머리를 내보이는 것이다. 과연 세계 최고봉다운 겸허하고도 예의바른 손맞이다.

티벳의 여신 초모랑마시여.
호랑이도 찾아온다는 이곳에서
바로 당신님을 뵈옵나이다.
지레 점쳐 그토록 기다렸나이까.
좀처럼 보이지 않는다는 그 모습
뜻밖이라 더더욱 반갑소.
이젠 두 다리 쭉 뻗고
숨 한번 크게 쉬리다.
꿈 같은 이 만남의 순간을
가슴 깊이 새겨 담으리다.

언제나 기쁨과 즐거움 속에 오래오래 산다는 저 선녀의 정수리가 황금빛 금자탑으로 유난히 빛나 보인다. 그리고 순간적으로 쳐다보이는 초모랑마가 아니라, 저 꼭대기에서 여러 날을 두고 조심조심 내려온 듯한 기분이다.

1953년 뉴질랜드의 힐러리가 저 정상을 밟은 뒤부터 얼마나 많은 사람들이 기쁨과 슬픔을 안고 오르내렸던고. 시나브로 여위어가는 선녀의 모습을 좇으라니, 까마득히 잊혀진 할머니와 어머니의 얼굴이 어슴푸레 떠오른다.

여기 대본영도 여느 산골과 마찬가지로 일찍 어두워지게 마련이다. 산악 문화가 거의 황무지나 다름없는 이곳에서는 뜻대로 이루어지지 않는 것이 상식이다. 그런데 이 널따란 공터에 다행히도 손님을 기다리는 예닐곱 채 대형 텐트가 자리 잡고 있다.

천막집들은 거의 같은 구조와 내부 시설이다. 태양열을 이용한 전깃불이 외진 문명을 실감하게 한다. 뻔쩍! 우르르 쾅! 번개와 천둥소리에 놀란 바람이 텐트를 흔들어댄다.

옛정을 자아내는 장작난롯불도 어느새 시들해진 한밤이다. 눈을 감으면 살며시 떠오르는 선녀 할머니의 모습에서 일종의 구원을 받는 듯한 느낌이다. 때때로 뒤척이는 바람에 이불자락이 허술한 베드에서 자꾸 흘러내린다.

신발과 배낭만을 벗고 등산 차림 그대로 든 잠자리가 편할리 있겠는가. 그래도 무심한 것이 꿈도 생시도 아닌 어렴풋한 반잠이었나 보다. 이렁저렁 이불 속에서 고무락거리는 양말발이 친친하다. 천막의 지붕이 간밤에 내린 빗물을 감당하지 못한 탓이다. 그리하여 소리 없이 흘러내린 빗물이 이불을 통하여 양말로 스며든 것이다. 이래저래 히말라야는 사람을 그대로 내버려두지 않는다.

BC의 아침은 비온 뒤에 쌓인 눈과 더불어 더욱 일찍 밝아온다. 어제 셔터를 눌러 주면서 춥다고 덜덜 떨던 그 오스트

리아 여인의 천막집은 무사했는지 모르겠다. 아무리 기다려도 나타나지 않는 티벳의 선녀 초모랑마는 아직도 환상의 구름 속이다.

20km 거리인 A B C, 대빙하의 방향마저도 짐작이 가지 않는다. 이제는 이만 떠나야 할 시간이다. 누군가의 노랫소리가 어쩐지 구슬프게 들리는 아침 한때다. 귀에 익은 「에델바이스」 가락이다.

그럼 타 쉬 씨.

토치치(고마워요).

쿰캄사(안녕히).

어쩐지 자꾸 뒤돌아 보이는 티벳 여신의 삶터다. 점점 멀어진 선녀의 고향 하늘이다.

※ 탈초 : 경문을 새긴 깃발.
마리샤 : 경문을 새긴 둥근 통.
옴마니밧메홈 : 기도의 말.
타쉬 : 천막집 주인 이름.

(2003. 8)

바쇼의 옛길을 따라

산마루엔 희망이 솟고
허릿길에는 즐거움이 감돈다.
그리고 한가로운 산기슭.
시냇물은 옛노래 흥얼거리며
굽이굽이 흘러내리는데……
그러고 이리하여,
옛님네 발자취를 더듬어
또다시 길을 떠난다.
해도 달도 세월도
모두가 길손인 것을
하물며 너와 나의 길인들
어찌 서로 다르랴.

마쓰오 바쇼松尾芭蕉는 46살의 봄을 맞이하자 호쿠리쿠北陸 오우奧羽에의 나그넷길을 다짐한다. 일본에서 기행문의 고전으로 알려진 「오쿠노호소미치奧の細道」는 그때의 작품이다.

1689년 7월 13일. 문하생 소라曾良를 데리고 에도江戶(지금의 도쿄)를 떠나던 날, 사람들은 험난한 그의 앞길과 건강을 무척 걱정하였다. 그때의 심정을 놓칠 바쇼가 아니다.

가는 봄이여,
새 울고 물고기 눈에는 눈물.

(필자 옮김)

① 달의 산, 갓산

「오쿠노호소미치」에서 바쇼가 가장 높이 올라간 곳이 갓산月山이다. 이번에도 여느 때와 마찬가지로 혼자서 3백여 년이 지난 그의 발자취를 더듬어 가기로 한다. 그리하여 산기슭인 야마가다山形의 우바자와姥澤까지 찾아온 것이다.

느긋이 올라가는 숲길이다. 눈이 많고 덩치가 큰 갓산은 예로부터 산악 신앙의 본거지로 알려진다. 그리고 고산 식물의 귀중한 곳간으로서 천연기념물로 지정된 산악자연공원이다. 널따란 잡목지대 풀꽃밭에 판잣길이 예스럽다.

여기 해발 1,600m 우시쿠비牛首는 길이 갈리고 합해지는 삼거리다. 기쁨과 슬픔 그리고 희망과 뉘우침의 발길이 넘나드는 쇠목 쉼터다. 흰옷을 입은 행자行者의 모습이 가물에 콩 나듯 어쩌다 눈에 띈다.

이제부터 돌밭 바윗길의 가파른 오르막이다. 처음부터 가장 가깝고 쉬운 코스를 잡았지만, 하기사 옛날부터 나무숲 30리, 풀밭 30리, 돌밭 30리라 전해 내린 갓산길이다.

머리 위의 뿌다구니를 오르고 나면 또 새로운 뿌다귀가 숨가쁘게 쳐다보인다. 가까스로 올라선 빈터에 지장보살이 어쩐지 쓸쓸해 보인다. 산악신앙이 빛바랜 오늘날, 그의 눈에는 관광 등산객들의 모습이 어떻게 비쳐 보이는지 모르겠다.

이어서 또 두어 차례 땀을 빼고 드디어 올라선 유별난 갓산이다. 드넓게 펼쳐진 해발 1,984m의 벌판이 산마루다. 이 정상의 들머리에 바쇼의 구비句碑가 270cm의 자연석으로 서 있다.

구름 봉우리
몇몇이 무너지고
달의 산.

(필자 옮김)

「정상 산장」의 건너 쪽에 농사의 신을 모신 천 년 묵은 갓산 신사가 자리 잡았다. 그런데 '팔굉일우八紘一宇'라 쓰인 커다란 푯대가 유령처럼 흘긋 쳐다보인다. 저것은 '대동아 공영권 구축', '동아 개방성전' 등과 더불어 일본이 2차대전 때 내세운 겉다르고 속다른 전쟁 구호가 아니던가.

발길을 돌려 지향 없이 거니는 꽃밭길 벌판이다. 갓산을 멀리 둘러싼 조카이산鳥海山과 반테이산磐梯山 연봉 등등, 저 장쾌한 파노라마에 바쇼도 넋을 잃었으리라. 햇볕을 꺼리는 괭이밥이 사람의 눈을 피하여 조릿대 속에서 하얗게 꽃피었다. 자연 속에서도 자연은 따로 있는가 보다.

여기는 사유리小百合의 슬픈 전설을 간직한 검은 나리꽃의 고향이다. 그리고 저기 핑크빛의 고마구사駒草는 고산 식물의 여왕이다. 이것은 망아지꽃이 아니라, 고마(고려高麗)에서 건너온 신비한 약풀꽃이라 하겠다. 거친 땅에서만 자라는 이 여왕꽃은 벙실벙실 헤픈 웃음 속에 가시가 돋친 장미 여왕과는 본바탕이 다르다.

느닷없이 어두운 구름이 몰려온다. 연못을 기웃거리는 저 바윗돌은 영락없는 곰이다. 어서 「정상산장」으로 돌아가라는 손짓이다. 한 포기 풀꽃, 아무런 생각도 없어 보이는 이끼 짙은 흙과 돌도 저네들만의 세계와 시간이 그립고 아쉬운 것이다.

이 정상산장은 갓산에 오직 하나밖에 없는 숙박 시설이다. 소박한 식당에 난롯불이 어린 시절의 시골집 아궁이처럼 따뜻하다. 2층에 정해 받은 방의 이름이 '투구꽃'이다. 갓산에 올라 팔자에도 없는 감투를 쓰게 된 셈이다.

주인 하가芳賀씨는 주로 꽃을 대상으로 하는 중년의 사진작가다. 서로 이야기가 '구름의 봉우리……' 대목에 미치자 주방에서 듣고 있던 안주인이, 바쇼의 그날은 안개구름으로 더욱 그렇게 보였으리라고 덧붙인다.

바깥바람이 차갑다. 까닭도 모르면서 마구 설치며 쏘다니는 것이 산바람의 습성이 아니던가. 바쇼는 조릿대를 깔고 베개 삼아 입술 시린 밤을 지새웠다고 한다. 그런데 아직도 솔향기가 감도는 '투구꽃'의 방은 이부자리가 두툼한 온실이다.

어제는 낯선 자연 환경에 취해 고달팠던가 보다. 여남은 사람이 들어 있는 산장에 바스락 소리 하나 들리지 않는 새벽이다.

거, 뉘시요!
이 새벽에……

번거로운 낮일랑
한사코 마다하고

어슴푸레 다가와
살며시 속삭이는 달빛.

둥근 보름달을 닮은 갓산은 과연 달의 산이다. 사이교西行와 바쇼가 찾아든 산골에서는 꽃과 달리 기다리고, 우리 김삿갓의 막걸리 술잔에는 유머와 위트가 맴돌았다. 이들은 세상을 피하여 숨어 다니다시피 하였다. 그러나 그들은 사람의 일을 잊지 아니한 사람들이었다.

그런데 오늘날 이 떠돌이의 길벗은 때 오른 배낭뿐이다. 그리고 이 길벗 또한 기약 없는 세월 속에 아직도 다하지 못한 나그넷길이 그리운 것이다.

② 입석사의 매미 소리

센산센仙山線의 경편 열차가 입석사立石寺로 이름난 야마데라山寺역에 멈춰 선다. 바로 눈앞에 치솟은 보주산寶珠山이 저녁노을 속에 절의 건물들로 가득히 빛나 보인다.

오늘날 그 본디 자리와 이름은 바뀌었지만 3백 년 전에 바쇼芭蕉가 머물렀다는 「오노야」 여관이다. 산사에서 내비치는 색색의 서치라이트가 밤하늘을 수놓는다. 그런데 마을은 쥐 죽은 듯이 고요하다.

사람들로 붐비기 전에 아침 일찍 나서야 하겠다. 산사 등산 들머리부터 어두침침하게 들어선 삼나무와 소나무 그리고 동백과 은행나무의 산이자 절이다. 지나간 세월만큼이나 아득하고 고요한 원시의 세계다.

잠시 올라간 보물전 앞에 바쇼의 동상이 편안한 자세로 서 있다. 그런데 커다란 두 그루의 '부부 삼나무'가 바쇼와 마주보고 섰다. 이들은 평생을 홀로 지낸 바쇼와 무슨 얘기를 나누는 것일까. 저기 보물전 벽에 걸려 있는 커다란 짚신이 그 고행의 역사를 말해 주는 듯하다.

나무와 흙과 바위 모두가 짙은 이끼와 더불어 살아가는 까마득한 세월의 삶터다. 바로 건너쪽의 다보탑 옆, 바쇼 일생의 명작으로 알려진 구비句碑 앞에서 저절로 발걸음이 멎는다.

고요함이여
바위에 스며드는
매미의 소리.

(필자 옮김)

깊은 숲속에 돌과 바위가 지천으로 겹치고 덮친 입석사다. 숨 막힐 듯이 고요한 한여름 오후, 바쇼는 순수하고 고풍스런 그 분위기에서 쉽사리 벗어나지 못했으리라. 때마침 쏟아지는 매미 소리가 고요한 가운데 오히려 더욱 고요함을 자아낸 것이다.

바쇼는 이 동중정動中靜의 세계를 소리가 바위에 스며든다浸고 읊었다. 그리고 인생의 대선배였던 두보杜甫의 「고요한 달밤」에서는 달이 문틈을 파고들었다侵.

예스런 둠벙
개구리 뛰어드는
퐁당 소리.

(필자 옮김)

이와 같은 그의 작품과 더불어 바쇼 하이쿠의 근본이념인 한가롭고 고요하며 그윽한 정취 그대로다. 그러나 오늘날에는 매미 소리도 뜨음하거니와 사람마다 듣는 마음의 귀가 어느쯤 열려 있는지 모를 일이다.

삿갓바위를 지나 올라선 곳에 「매미 무덤」을 쌓아 비를 세웠다. 멀리 찾아온 길손인 줄 알았는지 '지―짜―지―' 반기는 매미 소리가 반갑기도 하다. 그러나 그것이 아니다.

바쇼 떠난 지 3백 년.
무덤가 숲속에서
맴― 맴―, 매암매암―
내내 님이 그리워
목이 쉬도록 오늘을 운다.

오를수록 이끼 짙은 갖가지 비석들의 행렬이 이어진다. 산허리를 구불구불 돌아 오르는 1,015단의 돌계단이다. 마지막 계단에 올라선 한 노파의 얼굴에 기쁨의 물결이 주름져 흐른다.

인왕문에서 마지막 올라온 백장암百丈岩의 벼랑끝이다. 바위 위에 올라앉은 또 바위 위에 개산당開山堂과 오대당五大堂 등이 날렵하게 올라섰다.

이젠 이만 내려가야 할 시점이다. 산기슭을 굽이굽이 감돌아 흘러내리는 다치야立谷 시냇물이 맑기도 하다.

바쇼다리의 난간에 새겨 늘어선 하이닌俳人들의 글귀가 저마다의 빛깔을 내보이고 있다 지나가는 길에 어설프나마 한 수 남기고 떠난 한낮의 늦더위다.

냇물 따라 녹아 흐르는
매미의 허스키 소리.
한낮의 늦더위.

③ 모가미가와

물발이 빠르기로 이름난 모가미가와最上川은 예로부터 「일본 3대급류」 중의 하나로 알려진다. 바쇼芭蕉는 후루구치古口에서 조각배로 냇물을 따라 내려간 것이다.

때마침 장마철이라 불어난 냇물만을 바라보며 날이 들기를 기다릴 수는 없었다. 그리하여 얻어진 것이 이 한 구다.

장맛비 모아

빠르기도 하여라
모가미 냇물.

(필자 옮김)

그 한여름에 시원하다 하지 않고, 빠르다는 말 속에 무더위가 시원스레 녹아 사라진 듯하다. 그리고 그는 갓산月山으로 가는 길에 사카다酒田 항구에서 또 한구를 남겼다.

무더운 날
바다로 들어가는
모가미가와.

(필자 옮김)

「모가미가와 바쇼 라인」을 따라 배편으로 냇물을 내려가고 싶지마는 뜻대로 이루어지지 않는 것이 세상의 일인가 보다. 그리하여 쓰루오카鶴岡를 거쳐 아마루메余目에서 열차편으로 강기슭을 거슬러 가게 된다.

아름드리 밀림 사이로 언뜻언뜻 내다보이는 모가미의 냇물은 너그럽기만 하다. 낙차 120m의 시라이도白糸 폭포는 보이지 않는 산속이다. 그런데 옛날에는 짐승들이 모여 놀았을 공터에서 많은 승용차가 주인을 기약 없이 기다리고 있다.

항상스럽지 아니한 것이 계절 따라 아침저녁으로 변하는 자연의 모습이다. 흐르는 세월 속에 달라지는 것이 어찌 자연뿐이겠는가. 사람 또한 자연에 살다 자연으로 돌아가는 자연이 아니던가.

바쇼가 스스로를 거지 늙은이라고 말했듯이 그의 일생은 나그넷길이었다. 거짓 없는 마음을 5, 7, 5 형식의 17글자로 읊으며 돌아다닌 시인이었다.

바쇼가 걸어낸 두멧길 2만 4천km는 고된 즐거움이었다. 그가 쓰루가敦賀에서 마지막 여행을 탈없이 끝냈다는 소식에 많은 축하객들이 모여들었다.

그러나 바쇼는 그곳에 머무르고 싶지 않았다. 그의 마음속에서는 여행에의 그리움이 다시 굼실거렸다. 나이 50이라면 그때로서는 노인이다. 사람들은 이번이야말로 마지막 여행이 되리라고 모두 눈물을 글썽거렸다.

그때 축하 겸 전송 나온 사람들에게 남긴 한 마디는 어쩐지 나그네의 쓸쓸한 앞길을 지레 점친 것 같기도 하다.

대합이
두 몸으로 갈라져
가는 가을이여.

(필자 옮김)

*두 몸 : 대합의 살과 껍데기

그는 1694년 11월, 나이 51에 병든 몸으로 오사카大阪의 동문同門 집에 눕게 되었다. 그리하여 마지막으로 중얼거리며 영원한 나그넷길에 오른 것이다.

> 나그넷길에 병이 들어
> 꿈은 쓸쓸한 벌판을 헤맨다.
> (필자 옮김)

(2004. 9)

홀로 가는 나그넷길

호다카穗高에 딸린 나카부사中房온천을 찾아가는 길이다. 마쓰모토松本역에 내린 지금 시간은 밤 11시. 때마침 호다카 방면에의 전동차와 신시마시마新島島로 가는 막차가 같은 플랫폼의 양쪽에서 떠날 시간만을 기다리고 있다.

호다카에서 묵고 내일 온천을 찾아가야 할 교통 사정이다. 그런데 언제 또 만날지 모를 이시카와石川 사람들의 얼굴이 자꾸 떠오른다. 이럴까 저럴까 망설이는 사이에 호다카로 가는 열차가 먼저 떠나버린다.

이시카와는 북알프스의 나들목인 신시마시마에 하나밖에 없는 단골 여관이다. 이 종착역에서 내리는 손님이라고는 달랑 혼자다. 여관은 눈에 익은 그대로지마는 밤 시간이 12시를 지났다.

불빛 하나 없는 마을은 온통 쥐 죽은 듯이 고요하다. 잠겨 있는 여관 문을 흔들어보고 닫힌 영창 너머로 '이시카와씨'를 아무리 불러보아도 메아리 없는 헛소리만이 허공으로 사라질 따름이다.

불 꺼진 역의 대합실에도 자물쇠가 걸렸으니, 모든 발길이 끊긴 길을 정처 없이 왔다갔다 거닐면서 아침을 기다릴 수밖에 없다. 마치 원시의 세계와 같은 산골의 거리다. 깊은 고요 속을 거니는 쓸쓸한 즐거움이 도리어 흐뭇한 것이다.

마을 변두리에 이르자 뜻밖에도 슈퍼마켓에서 물건을 정리하는 불빛이 환하다. 여기에도 드러누울 곳은 없다. 마침 한 소녀가 지나간다. 옳지, 언젠가 고야산高野山에서처럼 부탁해 보자.

소녀와 그 어머니 사이에 휴대전화가 시작되자 슈퍼주인이 나서서 이시카와로 전화를 걸어보겠다고 한다. 그러면서 늦은 밤에 미안한데…… 하며 여운을 남긴다. 그리고 한참 만에,

"모시모시(여보세요)."

선잠을 깬 듯한 이시카와 여인의 떨떠름한 목소리다. 송宋상, 송상, 이 한밤에 어찌된 일이냐며 놀란다. 그러면서 일부러 찾아왔는데 오늘따라 대만원이라며 어찌할 바를 몰라 하는 말꼬리다.

이대로 거닐며 돌아다니다 날이 밝으면 찾아가겠다고 전화를 끊었지마는 대여섯 시간은 더 기다려야 하겠다. 서두른다

고 곧장 달려올 아침이 아니다. 벽시계의 긴 흔들이처럼 마음 놓고 왔다갔다를 되풀이하는 혼자만의 거리다.

다시 슈퍼 앞을 어슬렁어슬렁 되짚어가는데 난데없이 용달차가 멈춰서면서 송상! 죄송합니다 한다. 오랜만에 만나는 이시카와 여인의 늘씬한 모습이다. 그리고 커다란 배 두 개를 아무런 말도 없이 안겨준다.

여기서 이별인가 했더니, 한밤의 용달차는 숙박 시설이 넉넉한 마쓰모토를 향해 달린다. 남편도 시어머니도 탈없이 지낸다는 여인은 거듭 미안하다고 한다. 정작 미안한 것은 아무런 연락도 없이 불쑥 나타난 이쪽이다.

"시아버지께서는 찾아뵐 적마다 고추장 단지부터 내놓으셨는데……."

"글쎄올시다. 아버님도 그토록 산을 좋아하셨는데……. 돌아가신 지 벌써 10년이 지납니다."

이야기가 옛날로 되돌아가곤 하는 사이에 어느덧 마쓰모토역 앞이다. 바로 돌아가서 단체 손님의 아침과 주먹밥 점심 채비를 서둘러야 한다니, 귀한 잠만을 설치게 했나 보다.

이시카와여,
헤어지기 아쉬운
한밤의 배 두 개.

지난 날 요시다吉田 선생 내외분이 머문 나카부사中房온천이다. 이 두 분의 문학비 앞에 이르자 선생에 대한 죄스러움이 더해진다.

그것은 어렵사리 구해 얻은 선생의 저서가 2차대전 중에 모조리 없어진 것이다. 이리하여 선생이 세상을 떠난 지 반세기가 지난 오늘날에야 다시 마련하기 위해 나선 나그넷길이다.

미국과 일본 사이에 태평양의 물결이 몹시 거칠게 일렁거리던 그 무렵, 싸움에 보탬이 되지 않는 작가에게는 원고용지 배급이 돌아가지 않았다. 선생은 흰 한복을 입은 사람들을 잊지 않은 문필가였다.

그 엄청난 전쟁의 소용돌이 속에서도 선생의 새로운 작품집을 말없이 기다리던 독자가 적지 않았음을 기억한다. 이제는 만나보기 어려운 책들이다.

그런데 여기저기 수소문 끝에 운이 좋아 후루혼노 주오古本の中央라는 헌책방을 찾아간다.

비교적 한가로운 기찻길이다. 찻간에서 내다보는 깊은 산속 기소木曾의 옛길이 구불구불 숨었다 나타났다 한다.

저 숲속에 드러누우면 나무들은 온갖 이야기를 들려주리라. 그리고 풀꽃은 한결 향기로우리라. 언제나 침묵의 미덕 속에 영원을 꿈꾸는 바위는 세월과 더불어 오늘을 살아간다.

열차가 후쿠시마福島에서 잠시 멈춰 선다. 온타케御岳에라도 오르고 싶지마는 마음뿐이다. 나고야名古屋에서 갈아타고

내린 여기, 니시오西尾는 기대에 부푼 낯선 도시다.

과연 헌책의 중심답게 잘 갖추어진 책방이다. 주인인이 중년의 여인 또한 어제 마쓰모토에서 헤어진 이시카와 여인과 공교롭게도 같은 성바지다.

설마 여기까지 찾아오리라고는 생각하지 않았다면서, 그래도 혹시나 하여 있는 대로 모조리 챙겨놓았다고 한다. 「산가일기山家日記」를 비롯하여 「인생편로人生遍路」, 「청구靑鳩는 운다」 등 모두 헌책 13권이다.

요시다 겐지로吉田絃二郎.

낡아서 빛바랜 표지의 활자 위에 선생의 옛 모습이 어른거린다. 무르익은 인생의 그윽한 향기가 책방 가득히 풍겨나는 한낮이다. 이렇게 책을 대하니, 아까 지나온 기소의 산골에서도 염주비둘기(청구)가 그 누군가를 부르고 있었을지도 모른다. 아니다. 요시다 선생의 말마따나 숲속의 고요함을 다하여 그저 울었을 것이다. 아무런 미련도 원망도 하소연도 없이 노래하였으리라.

차가 식었습니다. 고쳐 올리겠습니다 하는 여주인이 마치 염주비둘기처럼 느껴지기도 한다. 그리고 한사코 문밖 멀리 바래주는 인사말의 여운이 길게 꼬리를 물고 따라오는 갈림길이다.

"내내 안녕하세요. 이 먼데를 혼자서 여기까지……."

(2004. 9)

숲속의 돌베개

오늘은 포천군 이동면의 약사봉으로 약속이 되어 있다. 그런데 아무래도 계곡타기 산행이 이루어질 것 같다.

여기 약사봉 계곡의 들머리에 「동틀때」라는 낭만적이면서도 희망찬 안내판이 나타난다. 자연의 정취가 물씬 풍기는 아늑한 쉼터에 자리 잡은 이색적인 식당 이름이다.

장준하 씨가 약사봉 산행 중에 죽은 지도 벌써 27해가 지난다. 그는 이 나라의 광복과 민주화를 위하여 애쓰다 가버린 사람들 중의 한 사람이었다. 그리하여 그의 추모비를 만나러 이처럼 찾아나선 것이다.

그런데 그 추모비의 위치를 안다는 사람마다 한결같이 막연한 대답이다. 말솜씨가 좋은 「동틀때」 주인도 마찬가지다. 계곡에 서 있는 추모 팻말이 지난 큰물로 떠내려갔을지도 모른다고 한다. 직접 가보지도 않고 귀동냥으로만 아는 체하는 것이 우리네의 친절이 아니던가.

시냇물을 좌우로 건너다니며 꼼꼼히 살펴보지만 추모의 자취는 아무데도 없다. 나뭇가지에 걸려 나불거리는 비닐조각이 마치 유령의 깃발같이 아니, 헐벗은 천사들의 손짓처럼 보인다. 기대와 허탈감으로 울렁이는 계곡도 이제는 끝이다.

그런데 이번에는, 내려가다 바른쪽으로 기슭의 중간쯤에서 찾아보라는 안약사동 사람들의 말이다. 눈동자가 헛돌 수도 있다 싶어 큼직한 바윗새까지 들여다보지마는 결과는 마찬가지다. 큰물이 그냥 지나가지 않았으리라던 말이 새삼 떠오른다.

돌아가는 길에 「한국인」 식당에서 쳐다보는 용암폭포가 씁쓰름한 입맛을 다소나마 달래준다. 그러나 약사골의 이 아쉬움과 허탈감만은 좀처럼 가시지 않을 것 같다. 이리하여 우리는 말없는 가운데 약사봉 계곡을 거듭 되짚어 오르고 있는 것이다.

이번에는 계곡을 그만두고 본능선으로 이어진 가지능선과 그 골짜기를 더듬기로 한다. 바위를 기어올라 숲속으로 사라진 이 회장과 정원장을 향해 "야호-야호"를 외쳐보지마는 메아리만이 되돌아온다.

내려가는 한참 만에 이 회장이 가지능선의 가파른 오르막에서 손짓을 한다. 모든 것을 확인한 뒤였다. 너덜을 타고 150m

쯤 올라온 여기, 3단으로 이어진 높다란 절벽 아래 자그마한 표석 하나가 기다리고 있다. 가로 50cm, 세로 30cm인 「돌베개」의 비문을 읽어가는 동안에도 점낮부터 시작한 비는 그칠 줄을 모른다.

오호, 장준하 선생.
여기 말없는 골짝은 빼앗긴
민주주의 쟁취, 고루 잘사는 사회,
민족의 자주, 평화, 통일운동의 위대한 지도자
장준하 선생이 원통히 숨진 곳.
뜻을 같이하는 젊은이들이
맨손으로 돌을 파 비를 세우니,
비록 말 못하는 돌부리, 풀, 나무여!
먼 훗날 반드시 돌베개의 뜻을 옳게 증언하라.

돌아가신 날 1975. 8. 17
비 세운 날 1975. 9. 17
고 장준하 선생 추모 동지회 일동

의문점만을 남긴 채 미심쩍고 꺼림칙한 가운데 숨진 사상계思想界의 주간 장준하 씨였다. 명동성당에서의 영결 미사에서 김수환 추기경은 다음과 같이 강론하였다.

"그의 죽음은 별이 떨어진 것이 아니라, 죽어서 새로운 빛이 되어 우리의 갈길을 밝혀주기 위하여 잠시 숨은 것 뿐입니다."

「돌베개」는 높다란 낭떠러지 아래 숲그늘에서 과연 오늘날을 어떻게 바라보는지……. 이제는 거리낌없이 열린 한바다로 나아가자며, 넌출져 흐르는 시냇물이 앞장을 선다.

약사봉 숲그늘에
잊혀진 추모비 하나.

찾아오른 길목
커다란 바윗등에
서너 덩이 돌을 쌓고
나뭇가지에 리본을 매달았소.

지나가는 길손님네!
돌베개에 잠시 들러
못다 한 이야기나마
나누고 가소.

(2002. 5)

캄차카의 자연을 가다

별다른 볼거리도 없다는데 그곳에는 무얼 하러 가느냐? 사람마다 의아스런 눈빛으로 고개를 갸우뚱거린다.

동서로 베링해와 북태평양 그리고 오호츠크해를 거느린 시베리아의 극동 반도 캄차카, 보잘 것 없는 바로 그것을 보기 위해 길을 나선다.

인천공항에서 하늘길 4시간 거리의 엘리제보 공항이다. 마치 말라붙은 강바닥처럼 보이는 활주로가 캄차카의 자연 풍토를 지레 짐작하게 하는 것은 아니리라.

길이 1,200km를 헤아리는 캄차카는 요즈음 백야의 계절이다. 남북으로 이어뻗은 두 산맥 사이에 펼쳐진 끝없는 평원을 캄차카 강이 샛강들을 하나로 모아 유유히 흐른다.

캄차카는 환산과 온천의 고장이다. 말키온천을 찾아가는 숲길이 어제 파타통가온천에의 길처럼 울퉁불퉁 하기는 마찬가지다. 자동차는 취한 듯 흥에 겨워 요리조리 비틀배틀 춤을 추는데, 손님들은 딱딱한 엉덩방아에 찡글상이다.

이 땅에는 수십만 명이 한꺼번에 들어갈 수 있는 온천 지대가 많다고 한다. 그러나 이 말키온천은 제각기 온도가 다른 다섯 탕으로 이루어진 남녀 혼탕이다.

옷을 벗는 간이 포장가리개만이 남녀가 다를 뿐, 편익 시설이라고는 아무것도 없는 자연 그대로의 노천이다. 아무데나 벗어 놓는 곳이 옷장이요 신발장인 셈이다.

온천 탕마다 인어처럼 떠노니는 사람들의 따뜻한 마음이 넘쳐난 산골이다. 터줏대감인 곰은커녕 날새 한 마리 얼씬거리지 않는 한낮이다. 그런데 저기 숲속에서 보랏빛 아반챠꽃이 살며시 내다본다.

기나긴 겨울의 매서운 추위 속에서 모든 생명을 되살아나게 하는 것도 따뜻한 온천의 정이라 하겠다. 싱그러운 생명은 언제 어디서나 따뜻한 사랑 속에 꽃이 피어 열매 맺는가 보다.

캄차카 또 하나의 젖줄인 비스트라야강으로 차를 달린다. 숲이 짙은 나루터에 설치된 천막 식당의 장작불이 따뜻하기도 하다. 자작나무 등걸을 도끼질하는 사나이의 모습이 남의 풍습만은 아닌 성싶다.

사공아,
돛을 올리려냐 노저으려냐.
이도저도 말고
강물 따라 흘러가잣구나.

스쳐가고 다가오는
이끼 짙은 자연 속에
눈도 귀도 마음도
까마득한 옛날이다.

저기 고향으로 되돌아와서 운명의 그물에 걸린 연어의 눈물이 반짝반짝 하옇게 빛나 보인다. 선착장이 멀지 않는 강변에 비바람이 거세다.

하얀 물새들이 물을 차며 날갯짓 춤을 춘다. 지레 좋아할 일이 아니다. 저 물고기는 너희 몫이 아니니라. 그대들은 무엇이 두려워서 그토록 숲을 꺼리는 것이냐.

캄차카에는 최고봉인 해발 4,750m 클류체프스카야를 비롯하여 거의 2백의 화산이 저마다의 모습으로 치솟았다. 이 중에서도 등산을 위해 일반적으로 가려 뽑힌 곳은 아바치 화산지대다.

산기슭에 하나뿐인 산막까지의 세 시간 동안은 이야말로 진흙탕과 거친 계곡바닥 그리고 만년설과의 실랑이다. 산악자동차라야 군용차를 개조한 무뚝뚝하고 아찔아찔 용감한 됨됨이다. 다만 이 어기찬 비바람에도 넘어지지 않는 것이 신기할 따름이다.

어떠한 호화로운 호텔도 부럽지 않은 간소한 사랑의 휘테다. 일단은 마음이 놓인다. 산행을 포기한 외국인 서넛이 하산 준비를 서두르고 있다. 그러면서 '오늘은 그 누구도 산에는…….' 하며 말끝을 흘려버린다.

표고 2,740m 아바친스키는 비바람이 앗아가고 안개구름이 감춰 숨기고, 보이는 것이라고는 하얀 눈뿐이다. 그나마 기를 쓰고 찾아오른 여기, 표고 1,000m 야생화 군락지부터는 더 오르지 말라는 하늘의 뜻이다. 휘날리는 눈발이 더욱 심하게 앞을 막는다.

그 흔한 자작나무도 이미 자취를 감춘 산달에는 이끼만이 푸르렀다. 그리고 높은 담장 안의 꽃처럼 싱글벙글 헛웃음칠 줄 모르는 몸집 작은 한대화寒帶花가 여기 저기 다부지기도 하다.

천지가 뒤끓던 날
피를 토하며 몸부림치며
부르짖던 그 한마디.
나는 사라지지 않는다.

이 상처 아물고
마음을 가다듬는 날
보다 아름다운 모습으로
그대들을 사랑하리라.

그날이 언제련가
기나긴 세월 속에
아직도 허연 입김 내뿜으며
침묵을 지키는 멧부리들.

민속박물관에는 여러 원주민 중에서도 카략족의 코너가 마련되어 있다. 그만큼 구체적으로 드러난 족속이리라. 이들 민족쇼는 밤이라야 어울리고, 모닥불을 에워싼 야외 무대가 제격이다.

민속 복장 차림의 남녀 도합 6명의 번가른 등장이다. 경쾌한 운율과 느릿느슨한 율동으로 휘어 감는 제1장의 「이리 와」로 시작된다. 제2장 「짧은 여름에 이어 쌍쌍으로 이루어진 제3장 「젊음의 춤으로 넘어간다.

제4장 「독버섯 먹고 즐기는 춤」에서는 심한 신음소리와 더불어 까마귀가 울기 시작한다. 이윽고 즐거움으로 되살아난 해피 엔드다.

제5장과 7장은 「아이들의 등장」이다.

헤이야 허허 헤이야
허허 허허 헤이야
아짜 아짜

맑고 활기차며 귀여운 가운데 절도 있는 이 외침(?)의 되풀이. 여기에 저네들의 환한 앞날이 내다보인다.

민족쇼는 제8장 「행복한 춤과 노래」로 마지막이다. 갈매기와 까마귀 그리고 곰과 사슴을 비롯한 짐승들의 소리시늉으로 행복한 끝을 맺는다.

때때로 우리네 가락과 비슷한 대목에 이르러서는 손뼉이 저절로 마주치기도 한다. 이들은 자연을 정복한다기보다 자연에 순응하여 순박한 행복을 누리며 사랑하는 사람들이라 하겠다.

신비롭고 아름다운 오지 캄차카는 바다 또한 원시의 영역 그대로다. 아바차만에서 베링해로 띄운 배가 비바람 속에 거친 물결을 가르며 나아간다.

이제는 다 왔나 싶었는데 아직도 항만을 벗어나지 못한 것이다. 물새에게 먹이를 던져도 보지마는 길들여지지 않는 갈매기에게는 부질없는 선심이다.

이제껏 여객선커녕 짐배 하나 보이지 않는 해역이다. 배는 사진과 그림으로 보아온 3형제바위를 한바퀴 돌아나간다. 바위굴 앞에 나란히 서 있는 3형제의 모습이 얄밉도록 우애로워 보인다.

배가 낚시터를 잡아 멈추자 이물과 고물 그리고 뱃전에서 낚시가 던져지다. 물고기가 잡히고 아니 잡히고는 바닷속의 가자미와 의논할 일이다.

묵직히 떨리는 낚싯줄에 짜릿한 손끝의 감촉이 아니라, 투망처럼 마구 던져지는 무더기 낚싯바늘이다.

마음의 눈으로 바닷속 물고기와 노니면서, 낚아챌 듯 짐짓 놓아주고 잡힐 듯 돌아서는 아양스러운 모습, 이 마음의 낚시 놀이를 맛보기에는 너무나 거리가 먼 날씨 분위기다.

없는 듯 버려진 양 조용히 살아가는 캄차카다. 앞으로 낯선 얼굴들이 함부로 덤부로 드나드는 날, 캄차카는 쓸쓸하고 외롭다 못해 서글프기도 하리라.

(2005. 8)

모계사회 노고호

오랫동안 벼르던 노고호瀘沽湖로 길을 떠난다. 소형 자동차는 운남성雲南省 서북쪽의 산악지대 깊숙이 파고든다. 이제는 그 아찔아찔한 금사강金沙江 협곡의 물줄기도 자취를 감추었지만 아직도 넘어야 하는 산 또 산이다.

무리에서 멀리 벗어난 새끼돼지가 겁도 없이 꼬리치는 재롱이 귀엽기도 하다. 그러나 끝내 외톨이가 되면 어쩌나 하는 부질없는 생각에 마음이 흐려진다.

드디어 해발 2,700m 산지에 호수가 커다랗게 펼쳐진다. 여강麗江에서 280km, 7시간 만에 찾아온 노고호다. 부르고 싶어도 부를 아버지가 없고, 서로 사랑하며 평생을 함께 살아야 하는 지아비가 없는 모소인摩梭人의 모계사회다. 중심지인 여기 낙수洛水에는 가게와 식당, 숙박소 들 사이에 여러모로 새

바람이 일고 있다. 딸애를 업고 있는 저 어머니는 올해 15살이라 한다. 새것과 헌 것이 하나가 되어 돌아가는 마당에 3백년 묵은 느티나무는 한결같이 느긋한 자세다.

멀리 돋보이는 사자산獅子山은 모소인의 전설에 나오는 「간무」 여신의 화신이라 전해진다. 사자산 축제일에는 아침부터 산에 모여 먹고 마시며 노래와 춤으로 밤을 새운다. 그리고 젊은이들에게는 연인을 찾는 좋은 기회이기도 하다.

유람 보트인 여신의 배女神舟에 저녁노을을 가득 싣고 노저어가는 여인네의 민속옷이 더욱 호사롭게 빛나 보인다. 오늘밤의 약속 시간이 기다려진다. 숙소에서 이곳 풍습에 대한 이야기를 듣기로 한 것이다.

딴채에 딸린 식당에서 나오자 넷째 딸이 몸채의 할머니 방으로 안내한다. 이 집의 어른이자 주인은 「할머니」로 통한다.

아이들을 사랑하고 늙은이를 공경하며 나그네에게 친절한 모소인이다. 아직은 하나의 독립된 민족으로 인정되지 않아 그저 모소사람으로 불리운다.

몸채의 대부분을 차지한 할머니의 방이 넓기도 하다. 정면에 경단經壇을 모시고, 전경통轉經筒을 돌리며 극락왕생을 비는 할머니의 모습이 어쩐지 남의 풍습만은 아닌 성싶다. 몸집이 좋은 할머니는 장작불 앞으로 돌아앉으면서 노고차瀘沽茶와 해바라기씨를 권해온다.

5대째 내리산다는 할머니네를 비롯한 이 고장의 모소인은 대충 8백 사람쯤이라 한다. 원목으로 짜인 높은 천정은 장작불 연기로 말미암아 더없이 새카말대로 그을렸다.

할머니는 다갈색 옷차림에 검정천(파스모)으로 영혼이 깃든 머리를 소중히 감아 둘렀다. 그리하여 두리넓적한 얼굴이 여린 전등불 아래 더욱 덕성스레 보인다. 올해 58살인 최푸마 할머니는 딸 부자(?)란다.

이곳 여인들은 아들딸을 가리지 않고 하나를 낳으면 문을 닫아야 한다. 그리고 다른 남자와는 교제할 수 없는 것이 모계사회의 법도다. 그런데 할머니는 두 남자 사이에서 다섯 아이를 두었으니, 법도에서 벗어난 재미가 이만저만이 아니었으리라.

때마침 셋째 딸인 다스나청打史娜聰이 곱게 차리고 나타난다. 관광객에게 노래와 춤을 선사하는 민속예술단원으로서 민속회관으로 출근하는 길이라 한다.

모계사회에서는 남녀가 세대를 이루지 않는 아주혼阿注婚이다. '아주'는 색시 또는 애인이란 뜻이라 한다. 하루의 일이 끝난 밤 시간에 남자가 여자의 집을 찾아가서 하룻밤의 꿈을 이루는 법도다. 젊음과 정열이 마주치면 남녀가 악수하게 마련이다. 이때 여자의 반응이 좋으면 은밀한 사랑의 씨앗이 열매 맺는 셈이다.

애정은 새로 지은 옷이죠.

딱 들어맞는 옷을 입는 거죠.
사내를 집으로 맞아들여
마음껏 지내봅시다.

(모소민요, 필자 옮김)

그런데 뜻대로 되지 않는 것이 세상이요 사람의 일이다. 철석같이 믿었던 사나이가 겁이 많고 거처를 떠날 줄 모르는 휘파람새로 탈바꿈되기도 한다. 그리고 때로는 사랑의 악수가 물거품이 되어 사내의 마음을 어지럽히는 한밤도 있었으리라.

달님도 이미 사라졌는데
약속한 휘파람 소리 들리지 않네.
문을 두드리는 소릴 기다리지만
문짝을 걷어차는 바람.

(모소민요, 필자 옮김)

당장에 짝이 없다고 마음 졸일 일이 아니다. 사자산 축제의 밤이 기다리지 않는가. 남녀 모두가 자기 어머니의 집에서 먹고 자고 일하며 한평생을 마친다. 이리하여 집주인은 대대로 어머니에서 딸에게로 곧 여성에서 여성으로 이어진다. 남성에게는 여자와 함께 살 권리도 경제적 실권도 없는 셈이다.

아이가 태어나면 남자는 여자의 집으로 선물을 보내게 된다. 일반적으로 아이의 옷과 신발 그리고 모자와 양말 따위가

고작이다.

아주혼의 세계에서는 '사회적 모순'이라는 말이 통하지 않는다. 모든 일을 법도와 관습으로 미루어버리는 현실 자체가 관습인 것이다. 어찌 보면 마음 편한 모둠 살인지도 모른다.

할머니는 7살 난 손자의 옷깃을 여며주면서, 지금은 가깝지만 중·고등학교는 길이 멀다고 지레 걱정이다. 그리고 문화혁명 이후 아주혼의 성격이 차츰 변질된다면서, 손자의 앞날도 선불리 점칠 수 없다는 것이다.

주검에 대한 물음에 할머니의 대답은 신중해진다. 동트기 전에 개인적으로 화장한다. 그리하여 불타고 남은 뼈조각과 재를 이른 아침에 높은 산마루에서 사방으로 뿌려 날린다. 극락정토에서 영생을 누리라는 뜻에서다.

앉은키 높이의 통대나무 위에 놋쇠 중발이 놓여 있다. 끼니때마다 죽은이에게 정성스레 올리는 공양의 밥그릇이다. 할머니도 언젠가는 이 밥그릇의 주인이 되리라 믿고 있는 것이다.

쌀과 밀가루가 주식인 이들에게 말은 있어도 글자가 없다. 중국말과 글자에 귀와 눈이 밝지 못한 할머니로서는 텔레비전 앞에서 움직이는 그림만을 보는 것도 하나의 관습이리라.

이제는 슬슬 일어서야 할 시간이다. 할머니도 내일 아침 일찍 돼지들을 점검하기 위해 산으로 떠난다면서, 문밖으로 따라나와 하늘을 쳐다본다.

"아미재(고맙습니다). 할머니!"

인류 발달사의 산 화석化石이라는 노고호는 모계 사회가 남긴 또 하나의 예스런 풍정이라 하겠다. 그늘지고 불편한 비경秘境에서 인간 본연의 나그네 심정을 느끼는 밤이다.

세상에 태어나서
아버지를 모르고,
평생을 함께 누릴
지아비가 없는 나라.

씨가 다르고
살아온 버릇은 달라도
너와 나의 신비로움
우리 서로 한가지다.

이어내린 풍정
시나브로 여위어 가도
말이 없는 노고호는
한결같이 살아간다.

(2003. 9)

마음의 금강산

남북이 서로 고집스럽게 갈라진 지 50여 년 만에 부분적이나마 북녘에의 길이 열린 것이다. 그 동안 기다리다 못해 같은 이름의 산에라도 올라보고 싶어, 전남의 해남으로 일본 오사카로 한사코 찾아다녔던 금강산이 아니던가!

그런데 그토록 벼르다가 이젠 정작 찾아가는 금강산 길이건만, 오랜 세월의 무딘 감각 탓인지 그저 덤덤하기만 하다. 예로부터 시와 그림과 노래 그리고 불교와 신선과 전설로 이루어진 1만2천봉인데 욕심을 부려 무얼 하겠는가. 망장천忘杖泉에서 물 한 모금 마시고, 구룡대에 올라 상팔담上八潭이나 얼핏 굽어보고 내려오련다. 가까운 뭍길을 두고도 한사코 멀리 바다를 돌아가야 하는 형편이다.

장전을 떠난 우리의 버스는 구불구불 만물상을 찾아 숨가쁘게 올라간다. 만상정万相亭에서 버스를 버리고 들어가는 어귀에 귀면암의 험상궂은 바위봉우리가 마치 수문장인 양 버티고 섰다.

신선들의 장기판에서 지나친 훈수로 외로이 밀려난 독선바위. 선녀가 만나주지 않는다는 분풀이로 노총각의 도끼에 찍힌 절부바위. 이들은 전설 속에서나마 자칫 빗나가기 쉬운 세상의 풍속도를 집도리하고 있는 듯하다. 다시 이어지는 오르막길에 헐떡거리는 숨이 턱에 닿는다.

가파르게 오르고 또 오르는 높다란 하늘문 아래, 깎아지른 절벽의 바위틈에서 석간수가 솟아난다. 만물상의 중심인 오봉산 오름길에 하나밖에 없는 샘터, 금로수金露水, 금사정金沙井 등 금강산의 수많은 석간수 중에서도 가장 구성진 이름을 지닌 망장천이다. 푸르게 솟아난 물빛을 보기만 해도 몸이 확 풀리면서 눈앞이 환해진다.

옛날 한 늙은이가 이 시원 달콤한 물을 마시고 기운이 넘쳐서, 고달프게 짚고 올라온 지팡이마저 까마득히 잊고 날듯이 훨훨 떠났다는 샘물이다. 물은 앞을 다투거나 부질없이 서두르지 않는다. 큰비가 내려도 아무리 가물어도 이 돌샘물은 어두운 바윗속에서 길을 찾아 한결같이 솟아난다. 여기저기 바위들이 빚어낸 갖가지 형상이야 보는 이의 마음의 눈에 따라 나름대로 이름 붙여질 따름이다.

만상정으로 되내려가는 외진 시냇가에서 실향민인 김 노인이 낯선 젊은이와 열심히 이야기를 하고 있다. 일반인과의 접촉이 금지된 마당에서 옛 고향 마을에 산다는 이 젊은이를 우연히 만난 것이다. 예측한 대로 노인의 부모는 이미 세상을 떠났었다. 요리조리 마을의 사정을 넌지시 떠본 김 노인은 혼자말로, 김 아무개에게 아들이 있다면 그가 자기의 손자라면서 말끝을 흐렸다.

그러자 그 순간, 젊은이는 느닷없이 "할아바디!" 하면서 노인의 옷가슴에 와락 머리를 파묻었다. 서로 껴안고 그저 흐느끼기만 했다. 그리움만을 더한 꿈속 같은 만남도 잠시, 떠나는 버스에 올라앉은 노인은 뜨거운 눈물을 연달아 훔쳐낸다. 그러면서, 그에게 달러돈을 쥐어줘도 그림의 떡이라고 하더라면서 또 울먹인다.

신계사의 옛터를 지나서 삼록蔘鹿골에 이르자 해설자(안내원)가 삼록수의 물맛을 모른다면 찾아온 보람이 없으리라 한다. 계곡으로 접어들자 비로봉도 얼굴을 감추었다. 남쪽 손님이 오신다고 첫눈으로 그토록 허옇게 화장까지 했으면서…….

여기 금강문은 그 이름난 옥류동玉流洞을 지나서 구룡동으로 들어가는 관문이다. 물과 암벽과 폭포가 입체적으로 어우러진 협곡, 옥같은 몸매를 자랑하는 옥류동도 거의 끝나가는 모양이다. 구룡폭포의 물소리가 골바람을 타고 점점 가까워진다.

구룡대로 올라서 구룡폭포의 근원인 상팔담을 보기 위해 서둘러 왔건마는 사정이 순조롭지 않다. 상팔담으로 오르는 갈림길의 다리 위에서 올라가겠다는 젊은이들과 이를 가로막는 안내원 사이에 어귀찬 실랑이가 벌어졌다.

수직의 암벽을 계속 올라야 하는 이 비경의 코스는 위험성과 시간 관계로 출입이 제한되기도 하는 곳이다. 좀처럼 끝날 것 같지 않는 입씨름 몸싸움이다. 그러자 한 젊은이가 불쑥 외친다.

"노인네는 빼고 젊은 사람만 가게 하면 되잖아?"

서로 모르는 처지인지라 머리털이 유달리 허연 최 선생과 나를 걸림돌로 여기는 모양이다. 기어코 뜻을 이루려는 젊은이다운 생각이다.

"어허, 거 무슨 소리? 울집 강아진 첨부터 하얘."

반사적으로 엉겁결에 튀어나온 말이다. 그러자 이번에는 안내원이 뒤로 떠밀려 가면서 외친다. 젊은이들은 앞으로 기회가 많으므로 노인네만 오르도록 하자는 것이다. 최 선생 혼자로서는 오르지 못할 것으로 짐작했는지, 내 하얀 눈썹에는 아랑곳없이 까만 머리만을 보고 나이를 묻는다. 이야말로 잠시나마 늙었다 젊었다 바쁘기도 하다.

"눈썹을 보면 모르겠소? 78이요. 이 백두산(최 선생의 아호)보다 위요."

아무튼 모두가 가까스로 올라선 해발 988m의 구정봉 구룡대다. 위태롭게 내려다보이는 협곡에 커다란 표주박 모양의 여덟 웅덩이가 하나의 물줄기를 따라 내리 이어졌다 그 흔한 휘파람새 한 마리 불러들이지 않고 태고 시절을 그대로 살아가는 팔담이다.

푸른 달밤이 아니라서 물이 차가워서 목욕하는 8선녀는 내려오지 않았나 보다. 나무꾼과 사슴은 녹음이 짙은 한밤에나 금강초롱에 불밝혀 들고 은밀히 나타나려는가? 그저 신비롭고 까마득한 전설의 세계다.

마음만은 내친걸음에 비로고대로 올라가서 용마석龍馬石과 마의태자의 무덤도 만져보고, 백천동의 명경대에 올라 바보같은 빈털터리로서의 죄값이라고 물어보고 싶다. 그러나 뜻대로 이루어지지 않는 것이 사람의 일이라 이대로 되돌아가는 수밖에 없다.

이제 금강산은 그 자랑스런 옷을 훨훨 벗어버리고, 거추장스런 것일랑 모조리 털어낸 알몸 그대로의 참모습을 드러냈다. 그리하여 서로 비운 마음으로 새로운 계절을 맞이하기 위해 뜨거운 가슴을 활짝 열어제치고 기다리는 것일까? 간밤에는 구룡폭포도 추웠었나 보다. 높다란 물기둥이 마치 우리네의 숨결처럼 반쪽은 얼어붙고 한쪽만 흘러내리고 있다.

해금강과 삼일포를 돌아 나온 버스는 풀리지 않는 미련만을 가득 싣고 온정리溫井里 근처를 지나간다. 앞자리에 앉은 한 실향민 노인이 벌떡 일어나서 차창 너머로 허술한 집을 가리키

며 호소하듯 울부짖는다. '저, 저것이 내가 살았던 집이요. 저저저 저것이…….'

썰렁한 농삿집.
앙상한 가지 끝에
감 하나 남기지 않고
가을은 가다.

가다 말고
둑길에 멈춰 서서
웃으며 손을 흔드는
다순샘골 아이들.

4부

여산의 오로봉

중국 강서성江西省의 북쪽에 자리 잡은 여산廬山은 한 고장의 이름이자 산줄기를 뜻하기도 한다.

여산은 북쪽으로 장강長江을 길게 두르고 동쪽에는 끝이 보이지 않는 파양호鄱陽湖의 푸른 물바다다. 우거진 숲과 물과 안개비들이 뒤얽혀서 여산 특유의 경관을 이루었다. 이 풍경구에는 유서 깊은 곳이 많지마는 그중에서도 여산은 유달리 기다려지던 산이다.

옛날 옛적에 광속匡俗이라는 사람이 이 산에 풀집을 짓고 노자老子의 도를 닦으며 살았다고 한다. 그런데 그는 벼슬을 내리겠다는 임금의 부름에도 아랑곳없이 풀집만을 남겨 두고 신선이 되어 산속 깊이 사라졌다는 여산廬山(풀집산)이다.

봄에는 꿈과 같고
여름에는 푸른 물이 듣는 듯
가을에는 취한 듯
겨울에는 옥과 같구려.

「여산 사계四季」 필자 옮김

여산은 시인 묵객들만의 무대가 아니다. 예로부터 유·불·선儒佛仙 삼교三教가 함께 하는 이름난 고장이다. 한창때에는 6백을 헤아리는 사원과 도관道觀이 들어섰다고 하니, 활짝 꽃핀 그 시절의 향기로움을 어렴풋이나마 짚어볼 만도 한다.

여산은 주봉인 해발 1,474m 한양봉漢陽峰을 비롯하여 향로봉香爐峯과 옥병봉玉屛峰 태을봉太乙峰 그리고 구기봉九奇峰 등등 유서 깊은 수많은 봉우리를 폭넓게 거느린 역사적 명산이다. 그러나 뭐니 뭐니 해도 여산을 대표하는 중심은 다섯 봉우리로 이루어진 오로봉五老峰이다.

예로부터 많은 사람들이 우러러 모신 산용山容과 산격山格을 갖춘 오로봉이다. 그리하여 오르는 사람마다. 봉우리와 봉우리에서 느껴 얻은 마음의 메시지를 소중히 안고 내려오게 마련이다.

이제부터 오르기 시작한 오로봉의 들머리다. 푸를 대로 우거진 숲길이다. 차분히 내리는 봄비 속에 버려둔 대나무 가마가 첫눈에 한가롭기도 하다.

갈수록 가파른 오름길에는 멧새도 울지 않고, 여산의 명물인 폭포 소리도 들리지 않는다. 오로봉은 말수가 적은 침착한 미덕을 두고두고 베푸는 것일까? 봉싯봉싯 망울진 속에 소리 없이 활짝 반기는 두어 송이 진달래는 멀리 찾아온 나그네를 위해 지레 피었나 보다.

비단결같이 환히 얼비치는 엷은 안개비 속에 보이는 것마다 신비롭게 느껴진다. 마치 시간과 공간을 뛰어넘은 다섯 늙은이가 거의 비슷한 거리 간격을 두고 서로 바라보며 이야기를 나누는 듯한 오로봉의 모습이다.

이 첫째 봉우리는 여산의 맨 처음 주인인 광속匡俗이다. 한국에서 일부러 찾아오셨구려! 하며 맞아들이는 품이 과연 예의바른 주인으로서 선인仙人다운 기품이다. 무심한 사람은 그대로 지나가게 마련인 숨어 지내다시피 하는 봉우리다.

여기 깔끔한 분위기 속에 단정한 모습의 둘째 봉우리는 공자孔子다. 오로봉 마애석각磨涯石刻 곁에 대청정待晴亭이 홀로 자리 잡았다. 햇볕이 귀하기는 궂은 날씨가 잦은 귀양貴陽만이 아닌 성싶다. 오죽하면 이토록 정자를 세우고 날씨가 들기를 기다리겠는가. 애초에 버릇없이 제멋대로 자란 날씨가 아니던가.

셋째 봉우리로 이어지는 기라에서는 비석飛石과 노동老洞 그리고 석굴石窟들이 염봉念峰을 떠받치고 있다. 숨을 죽이며 지나가는 사람마다 뜸직한 발걸음으로 요리조리 살펴보는 눈길이 진지하기도 하다. 둥글넓적하여 석가釋迦를 닮은 제3봉이다. 인도에서 먼 길을 오느라 힘들었는지 반쯤 뜨고 감긴 눈이 더욱 자비로워 보인다.

여산송廬山松 소나무 지대를 돌아서 바위벽에 걸린 쇠사슬에 의지하여 올라선 넷째 봉우리다. 크게 입을 벌린 아가리바위가 호계삼소虎溪三笑로 널리 알려진 동림사東林寺의 혜원법사慧遠法師를 떠올리게 한다. 그러자 간이 가게의 사나이가 정상까지는 가지 말라고 한다. 아무래도 이 허연 머리가 마음에 거리끼는 모양이다.

봉우리마다 올랐다가 내려와서 한사코 새로 올라야하는 오르내림의 되풀이다. 봉우리마다 늙은이들이 저마다의 세계를 이루면서도 오로봉이라는 하나의 이름 안에 머물러 있는 것이다. 1봉부터 4봉까지 오르내리느라 4번을 늙은 셈이니, 앞으로 한번만 더 늙으면 5로봉의 정상이 이르겠다.

갈수록 향기로운 기운이 감도는 능선길이다. 철쭉은 아직도 감감 소식인데, 추근히 내리는 가랑비 속에 복숭아와 매화의 글썽거리는 눈망울이 마음을 끌어 잡는다. 유달리 깊숙이 내려갔다 다시 그만큼 올라온 마지막 봉우리, 여기가 더 오를 곳이 없는 제5봉이다. 태상노군太上老君의 체온이 감돈다는 해발 1,358m 오로봉 정상이다.

노자老子는 어김없이 검정암소를 타고 올라왔으련만 짐승이라고는 그림자도 얼른거리지 않는다. 하기사 멀리 내다보지 못한 흐린 눈이 어찌 가늠보긴들 하겠는가. 엷게 뚫린 귀에 넘쳐흐르는 자연의 소리를 외마디나마 새겨들을 수 있겠는가.

눈앞에 펼쳐져야 할 파양호鄱陽湖는 온데간데없고 안개만이 한빛으로 자욱하다. 설사 눈앞이 열린다 할지라도 그 드넓은 호수가 한눈 안에 들어오기나 하겠는가. 보이지 않는 마음의 세계가 깊은 안개 속에 굽닐거리고 있으리라는 어렴풋한 생각뿐이다.

그것 자신이 그것다운 것.
자연은 어찌하여
세상 멀리 숨어 살아야하나.

(2002. 4)

호계 삼소

여산廬山줄기의 허리를 구불구불 감아도는 잘 다듬어진 산악 도로다. 비 갠 뒤의 초록빛이 한결 싱그럽게 빛나 보인다. 강서성江西省 구강현九江縣의 연화향蓮花鄕으로 접어들자 하얗고 높다란 탑이 첫눈에 들어온다.

동쪽과 서쪽에서 각각 동림사東林寺와 서림사西林寺를 지켜보는 동림탑과 서림탑이다. 비구니의 절인 서림사보다 규모가 훨씬 큰 동림사는 진晋 시대에 도교道敎에도 능통한 혜원慧遠 법사가 세운 중국 불교의 발원지이기도하다.

산문山門이 없는 동림사의 들머리에서 호랑이가 담배 먹던 그 옛날을 어림짐작하기에는 너무나 거리가 먼 현실이다. 숲은 거의 벗겨져서 집들이 늘어서고, 호랑이 대신에 자동차가 빵빵거리며 오락가락한다. 그런데 다행히도 호계虎溪 시냇물에 초라하게 가로놓인 다리기둥에 오목새김한 「호계교虎溪橋」 세 글자가 옛이야기를 떠올리게 한다.

하루는 유교儒教에 길들여진 도연명陶淵明과 도사道士인 육수정陸修靜이 안거安居에 들어간 혜원 법사를 찾아갔다. 오랜만에 만난 이들 세 사람은 옛정을 이기지 못해 이야기와 웃음으로 시간가는 줄을 몰랐다.

그러는 가운데 문득 돌아갈 길이 멀다는 것을 깨달은 두 사람이 자리에서 일어섰다. 이야기에 이끌려 즐거움에 취한 혜원 법사 또한 두 시인詩人을 배웅하기 위해 따라나섰다. 한걸음도 밖으로 나갈 수 없다는 안거의 계율을 깜박 잊은 것이다.

그리하여 이 다리를 건너려는 순간, 혜원 법사의 파계를 알았던지 숲속에서 느닷없이 호랑이가 크게 으르렁 거렸다. 깜짝 놀라 어리둥절해진 세 사람이 서로 얼굴을 마주하며 껄껄 웃었다는 호계삼소虎溪三笑다. 이로 말미암아 이름 붙여진 호계교다.

유·불·선儒佛仙의 이 끈끈한 만남을 호랑인들 어찌 몰랐겠는가. 산에서 사람을 만날지라도 어질고 흠이 없는 사람에게는 그 발톱이 들어갈 틈이 없다는 도덕경道德經의 구절쯤은 호랑이도 알고 있었으리라. 어쩌면 계율을 넘어선 믿음과 믿음이 하나의 믿음으로 승화된 인간의 참마음에 느꺼워, 호랑이도 넋을 잃고 '엉'하니 저절로 입이 벌어졌나 보다.

호계교 건너 조그만 가게의 진열대에 「여산 풍광廬山 風光」이라는 시화詩畵 사진첩이 놓여 있다.

흔히 대하는 사군자四君子와 세한삼우歲寒三友는 꽃과 나무가 주인공이다. 그리고 예전에 외국의 책을 통하여 노자와 석가와 공자를 한 화폭에 그려 담은 삼교도三敎圖를 본 적은 있다. 그러나 「호계 삼소」 그림을 보기는 이 시화 사진첩이 처음이다.

가겟집 주인은 기다리다 못했는지 같은 내용의 사진첩을 꺼내들고 은근히 눈치를 살핀다. 아차! 세 사람의 웃음 마당인「호계 삼소」에 잠시 마음이 팔린 것이다.

세로 길쭉한 화폭에 화제畵題와 뇌화雷華의 시사 씌어 있는 그 아래가 삼소三笑의 장면이다. 지팡이를 길게 꽂아 든 육수정과 도연명이 나란히 서서 유달리 크게 그려진 혜원과 마주보며 서있다.

세 사람이 호랑이의 으르렁거림에 깜짝 놀란 것도 순간, 서로 기가 통하여 마주보며 껄껄 웃는 여유로운 달관의 세계가 부럽기도 하다. 이 그림의 묘미라고나 할까, 색다른 감흥은 이심전심으로 세 사람의 눈길이 하나로 마주쳐 모아진 순간이리라.

1,500년 묵은 녹나무가 동림사의 문지기 노릇을 하고 있

다. 이 늘 푸른 넓은 잎 큰키나무의 몸통이사 군데군데 헐었지마는, 뻗어난 가지마다 옛님네의 입김인 양 봄기운이 새롭다.

(2002.4)

무이산의 도원동

계림桂林의 우아하고 환상적인 산과 물 그리고 예지가 번쩍이는 황산黃山의 풍광을 한 몸에 아울러 지닌 무이산武夷山이다. 이러한 은혜로운 자연 속에서는 삶의 쉼터, 마음의 고향이 기다리게 마련이다.

새벽부터 빗소리가 요란하다. 그러나 들뜬 마음을 가라앉히기에는 도리어 안성맞춤이다. 무이산의 여덟 경구景區 중에서도 어렴풋이나마 은자 선인隱者仙人의 호흡을 느껴 짐작할 수 있는 곳이 도원동桃源洞이라 하겠다.

도원동을 찾아 통천문通天門에 이르자 성촌星村에 산다고 장張 양이 노군석성老君石像까지 안내하겠다면서 앞장선다. 들어가는 어귀부터 분위기가 예사롭지 않다. 봄꽃은 이미 이울고 탐스런 복숭아 숲그늘에 시냇물 소리가 맑다.

대만의 아리산阿里山에서는 백보사白步蛇가 신경을 쓰게 하더니, 이곳 무이산에는 한번 물리면 다섯 걸음도 못 가서 목숨을 잃는다는 오보사五步蛇가 있다고 한다. 이것은 길이 아니면 가지 말라는 가르침만은 아닌 성싶다.

옛적에 복건성福建省을 민閩이라 일컬었다. 벌레가 대문 안에서 드나드는 모두를 살펴 챙겨야 하는 빗장 구실을 하고 있다. 따라서 복건성의 산에는 벌레로 통하는 뱀이 많은 것도 사실이다.

복호伏虎바위에서 바라보는 하늘에는 낭만이 서려있다. 무지개가 사라질 무렵이면 그 속에 미인이 나타난다고 한다. 이비가 개면 이곳은 무지개를 기다리는 사람들로 붐비리라.

오를수록 높이를 더해 가는 동천洞天길이다. 쓸어낼 쓰레기도 없는 투천문透天門 아래에 한 중년 여인이 비를 들고 서서 눈인사를 한다. 하늘까지 환히 비추어 볼 수 있는 문인지라, 들어가는 사람마다 마음을 깨끗이 쓸어 비우라고 넌지시 알리는 법도인지도 모른다.

널따란 동천의 돌계단 위쪽에 바윗돌 하나로 이루어진 노자상老子像이 앉아 있다. 세계에서 가장 크다는 16m높이의 노군老君이다. 천유봉天游峰을 등지고 앉아서 무이산 풍경구 최고봉인 해발 717m 삼영봉三迎峯을 바라보는 눈빛이 이미 하늘을 꿰뚫은 듯하다.

유달리 길게 늘어진 귀와 시냇물처럼 주르르 흘러내린 수염이 돋보인다. 그리고 갖가지 나무와 풀꽃이 에워싼 가운데 3단으로 허옇게 흘러내린 폭포가 또 하나의 배경을 이루었다.

건너쪽의 도원동 도관道觀에서 잠시 비를 피하기로 한다. 우산 아닌 갓을 쓰고 나타난 이 나무宋를 나이 지긋한 여성 관리인이 마음으로 맞아 준다. 돌아다니는 자연의 몸짓과 눈빛을 어렴풋이나마 알아차린 모양이다.

중국에서 16째라는 무이산 도교道教는 남송南宋시대에 발전한 것으로 알려진다. 무이산에서 가장 오래된 궁관宮觀은 천유관天游觀보다도 무이궁武夷宮이라고 한다.

지난번 장사長沙의 운록도궁雲麓道宮에서 풀지 못한 상투(?)를 천존天尊 또는 계발髻髮이라 일러준다. 사람은 태어날 적부터 정수리에 머리털이 있지 않느냐고 덧붙이기도 한다. 그러면서 여인은 노자도덕경통해老子道德經通解를 비롯하여 태상감응편太上感應篇과 여조설삼세인과呂祖說三世因果 등등 여러 증정 책자를 건네준다.

도원동을 내려와도 비는 계속 내린다. 여기까지 와서 무이산의 차 맛을 모르고 떠난다면 후회하리라는 장 양의 권장이다. 들어선 어다원禦茶園 다예관茶藝館안은 시간이 일러서인지 설렁한 분위기다.

처음에 내놓는 것이 잠을 돕는다는 사계향四季香이다. 중국의 각처에는 저마다 이름난 차가 많다. 그 중에서도 바위 벽에서 자란 무이산의 돌차石茶는 대홍포大紅袍라 하여 임금께 올리던 진상품이라고 한다.

이번에는 무이산의 쌍유암雙乳岩 바위 아래에서 안개를 먹고 자란 돌젖차石乳茶라면서 맛이 어떠냐고 넌지시 떠본다. 차 맛에 길들여지지 않은 이 무딘 감각이 어찌 그 맛과 향기의 뜻을 가늠할 수 있겠는가. 바위에서 자란다는 오룡차烏龍茶에 대한 종업원의 입담이 그럴싸하다.

오룡차는 바위 지대일수록 품질이 좋다고 한다. 그리고 이것은 향이 입 안에서 오래도록 맴도는 수선水仙과 향이 짙어서 일시적으로 산뜻한 철관음鐵觀音 두 종류가 있다는 것이다.

이리하여 수선은 상냥하여 관객의 마음속에 오래오래 머무는 앵앵鶯鶯에 비유되며, 철관음은 무대에 자주 나타나서 호화로운 연기를 하는 홍낭紅娘에게 빗댄다.

듣고 나니 그 두 사람은 서상기西廂記의 무대에 등장한 여주인공들이다. 이제까지 서로 이야기를 이어온 두 여성 종업원이 마치 자기네의 됨됨이를 스스럼없이 털어놓는 것 같기도 하여 다시금 쳐다보인다.

차향기 그윽한 도원골.
한결같이 평안한 마음.
모양도 빛깔도 없는
태상노군의 나라는
누구도 넘보지 못한
자연의 길이요 뜻이다. (2002. 6)

청양궁의 향기

사천성四川省 성도成都에 있는 청양궁靑羊宮은 널리 알려진 도교道敎의 궁관宮觀이다. 노자老子가 신도들과 이야기를 나누며 머무른 곳이라 전해진다. 2만 6천㎡의 드높은 바탕에 궁관들이 한 줄로 늘어섰다.

제1전殿에서 제8전에 이르기까지 여러 선인仙人들을 알맞은 자리에 나누어 모셨다. 금빛 얼굴에 허연 수염을 길게 드리우고 붉은 법의法衣를 두른 태상노군太上老君의 궁관은 제3전이다. 그리고 중심 궁관인 제4전의 삼청궁三淸宮 앞뜰에는 놋쇠로 만들어진 한 쌍의 양이 배치되었다. 애초에 노자가 이곳에서 5마리 양을 길렀다는 옛이야기다.

높다란 돌계단 위쪽의 도법자연道法自然은 매우 조용한 분위기다. 여기는 노자가, 사람은 땅을 따르고 땅은 하늘을 따르며 하늘은 도道를 도는 곧 자연自然이라고 그 도법을 가르쳤다는 곳이다. 그리고 간절히 바라며 올바르게 부지런히 힘쓴다면 반드시 이루어지리라는 유구필응有求必應의 현판이 사람의 마음을 떠받치고 있다.

버들가지는 휘늘어지고 은행잎이 물들기 시작한다. 동백나무에서도 자르르 윤기가 흘러내린다. 갖가지 풀꽃과 나무가 자연스레 계절을 엮어가는 여기 청양궁은 시민들을 비롯하여 각처에서 찾아든 사람들의 정신적인 고향이자 만남과 사귐의 광장이기도 한다.

도교는 예로부터 유교, 불교와 더불어 뿌리 깊이 내려온 하나의 커다란 길이다. 그러데 그 노장老莊의 길이 1965년 중국의 문화대혁명에 즈음하여 말할 수 없는 업신여김을 당한 것이다.

그때에 많은 궁관이 없어지거나 다른 목적으로 돌려 쓰였다. 그러나 그대로 남아 있는 것은 이 청양궁처럼 뿌리 깊이 뻗는 그 지역의 특성을 헤아린 것이리라.

많은 궁관을 한바퀴 돌아나온 마지막 쉼터에 사람들이 많이도 모여 앉았다. 거의 중년을 넘어선 아주머니 아저씨들이다. 묵직하고 약간 투박하게 보이는 돌상石床과 대의자가 말소리 없는 사람들의 차분한 분위기와 잘도 어울린다. 그리고 어디를 둘러보아도 쓰레기 하나 없는 순박한 자연의 모습 그대로다.

이 크고 넓은 휴게소에 화장실이 없을 리 없다. 군데 군데 화장실이 있었지마는 이 마지막 화장실만은 유다르다. 남녀 따로 각각 8칸씩의 대소변소는 외국인을 의식한 것일까? 중국의 관습답지 않은 쨈새다. 한낮인데도 버려진 담배꽁초나 휴지조각 하나 보이지 않는다.

일반적으로 몸에서 풍겨난 살내는 그 사람의 생활환경에 따라서 달라지게 마련이다. 그러나 그 본바탕은 어디까지나 사람 그 자체이다.

측간이 풍기는 일반적인 냄새는 고리타분한 구린내와 지린내다. 그러나 이것은 맛있는 음식들이 농익어서 내뿜는 향기다. 그런데 이 뒷간에서는 이렇다 할 냄새를 느끼기 어렵다.

강원도와 경기도를 가르는 화악산華岳山에는 천도교의 수도장이 깊숙이 자리 잡고 있다. 한울님의 뜻에 따라 만물일체의 정신으로 화합 통일을 바라는 그곳의 화장실도 그 높은 뜻만큼이나 깨끗하다. 그리고 모든 동식물과 더불어 은혜롭고 고마움을 자연스레 나누며 살아가는 홋카이도의 아이누 세계에서도 마찬가지다.

티벳에 가까운 사천성 구채구九寨狗의 그 크고 넓은 풍경구에 가장 새로운 변소가 나타났다. 용변이 끝나면 자동적으로 포장되어 아래 탱크로 떨어진다. 가득 모아진 탱크는 풍경구 밖에서 처리되며, 곧바로 새로운 탱크와 변기의 포장지가 놓인다.

8·15 해방 뒤, 외국에서 들여온 장거리 버스 「그레이하운드」는 뒤쪽에 변기를 갖추고 우리의 고속도로를 신나게 달리기도 했다. 그러나 그것은 일시적인 편의시설에 지나지 않았다.

청양궁은 누구에게나 활짝 열려 있는 기도와 믿음의 세계다. 도궁道宮마다 향불의 연기가 까마득한 옛길을 찾아오르는 꿈의 나라다. 노자의 생일인 음력 2월 15일에는 촛불 향불의 행렬이 볼 만하리라.

제1전 앞에 향불을 피운 안노인의 얼굴이 유난히 밝아 보인다. 죽은이의 그리운 모습이 보고 싶은 그 얼굴이 연기 속에 나타난다는 반혼향反魂香의 조화인지도 모른다.

가슴속을 비춰낸 향불 그리고 냄새 없이 향기로운 화장실과 겉으로 꾸밀 줄을 모르며 내세우지 않는 사람들…. 이 모두가 향기 없는 가운데 더욱 향기로운 청양궁이다.

(2002. 10)

노을진 청성산

중국 성도시成都市 서쪽에 자리한 청성산靑城山은 짙은 숲으로 뒤덮인 산세가 푸른 산성처럼 보인다 하여 청성산이란다. 청성앞산과 청성뒷산으로 크게 나누어진 이 청성산은 예로부터 도교의 성산으로 널리 전해내린 명산이다.

건복궁建福宮 노산문老山門을 지나서 잠시 오르는 청성앞산의 숲속에 월성호月城湖가 꿈속인 양 펼쳐진다. 그리고 잔잔한 물낯에 어른거리는 장인봉丈人峯위로 커다란 나룻배가 소리도 없이 건너다닌다.

시간에 쫓기는 사람은 거의 리프트의 신세를 기제 마련이다. 이곳 궁관宮觀의 중심인 상청궁上淸宮에는 분향의 불꽃이 마치 붉은 깃털처럼 끈질긴 목숨같이 가느다랗게 나부낀다.

정면에 높이 걸린 현판의 상청궁上淸宮이란 세 글자와 기명記名이 황금빛으로 돋보인다. 장중정蔣中正의 솜씨다. 어느 도사가 저 글씨에 짐짓 거짓으로 흙칠을 하여, 문화혁명의 소용돌이 속에서 구해 냈다고, 한 신도가 자랑스레 일러준다.

궁관의 뒤꼍에서는 사랑샘(원앙정鴛鴦井)이 신기하게 바라보는 사람들의 눈길을 하나로 모으고 있다. 약간 깊은 수샘과 조금 얕은 암샘의 물이 서로 흘러 통하면서 소곤거린다.

참됨은 자연의 선물이다.
착한 마음은
조용한 나라의 주인이다.
그리고 사랑샘은
사랑을 주고 마시는 영원한 생명이다.

가까이 자리 잡은 마고지麻姑池 연못에서는 마고선녀가 얼굴 가득히 미소 짓고 있다. 사랑샘이 바라는 그 마음의 고향은 비록 이루어지기 힘든 넋두리일망정 듣기만 해도 흐뭇한 것이다.

이어오르는 계단길에 마음과 마음을 하나로 동여매는 자물쇠 쇠사슬이 길게도 이어졌다. 드디어 해발 1,600m 청성산 제1봉이다.

여기 정상에는 팔괘八卦를 본떠 세운 노군각老君閣 2층에 소를 타고 앉은 높이 14m 노군 동상을 모셨다. 길어서 반쯤 창밖으로 내민 왼쪽 쇠 붙은 매이기를 바라지 않는 노자老子의 뜻이기도 하리라.

처음부터 하얀 머리털로 태어났다는 노자는 자연을 따르는 도道에 환한 선인仙人이었다고 한다. 그가 아직 조정의 사서司書로 일하던 무렵, 그를 만나고 나온 공자孔子가 제자들의 물음에 대답하였다.

그래, 날아다니는 새는 화살로 잡을 수 있고, 헤엄쳐 다니는 물고기는 낚시질로 그리고 뛰어다니는 짐승은 그물로 잡을 수 있다. 그러나 바람과 구름을 타고 하늘로 오르는 용만은 잡을 도리가 없다. 노자는 마치 용과 같아서 도무지 알 수 없는 사람이더구나.

노군상 앞에서는 커다란 분향의 불꽃이 산바람을 타고 불타오른다. 방문객이 엎드려 절을 할 적마다 유달리 우렁찬 종소리가 노군각에 울려퍼진다.

내려가는 상청궁에서 북소리가 무겁게 들려온다. 알고 보니 북이 아니라 둥글넓적한 무쇠판을 나무채로 두드리는 소리다. 쇠소리와 가죽소리를 가름할 줄도 모르는 주제에 시간만을 탓한들 어찌하겠는가.

천사동天師洞의 세심지洗心池에 마음을 씻고, 1,700년을 넘겨 살아온 은행나무에게 세상살이 비결이라도 들어보고 싶다. 그런데 벌써 저녁노을도 희물그레 여위어가는 청성산이다.

(2003. 8)

팽산 선녀

아미산峨眉山에서 성도成都로 가는 길에 팽산彭山선녀를 만나보기로 했다. 여기 팽산은 팽산현의 중심 도시다. 선녀산仙女山이라 써붙인 미니버스만 보아도 가슴이 설렌다.

어느덧 버스 종점인 선녀산 마을 가까이 왔나 보다. 「충효의 고장」, 「장수마을」 등의 표찰이 눈에 띈다. 과연 중국 장수문화長壽文化의 발상지다운 장수거리의 분위기다.

100살을 넘겨 사는 노인이 전국 평균의 17곱이라는 팽산은 노인들의 국제적 모임 장소로도 알려진다. 그리고 그 이름난 선녀차仙女茶와 팽조주彭祖酒의 본고향이다.

옛날 팽조의 고향이던 이곳은 예나 지금이나 도교와 불교의 거룩한 땅이다. 아울러 빼어난 자연경관과 인문 경관이 많아 찾는 사람의 발길이 끊이지 않는다.

젊어서부터 세상의 명예와 사치에 마음이 없었던 팽조는 잔잔한 성격의 소유자였다. 그리고 은殷나라에서 대신大臣으로 임명했을 때에도 나가지 않았을 정도로 정치와는 거리가 멀었다.

은밀히 여러 선약을 만들어서 병들지 않고 오래 사는 비법을 터득한 그는 언제나 청춘의 젊은이였다. 신선이 된 뒤에도 여행할 때에는 우마차를 버리고 혼자 조용히 걸어 다녔다고 전해진다.

팽조가 세상을 뜨자 아버지 병간을 하던 그의 딸은 산에 초막을 치고 불효를 뉘우치며 명복을 빌었다. 그러는 동안에도 선약仙藥을 만들어 많은 사람을 도운 그 효녀는 18 나이에 선녀가 되어 하늘나라로 떠났다. 이로 말미암아 산의 이름이 선녀산으로 굳어진 것이라 한다.

산문山門에서 정상으로 이어진 999 돌계단은 오르내리는 사람들의 오랜 삶을 뜻한다. 아무리 바쁠지라도 여기저기 널려 있는 많은 문물 중에서 선녀동仙女洞과 쌍불雙佛만은 지나칠 수 없는 일이다.

느닷없는 번갯불과 천둥소리에 산짐승은 자취를 감추고 여름 꽃도 숨을 죽인 아침이다. 산마루가 코앞에 쳐다보이는 자미정紫微亭은 마치 소나기를 피하기 위해 때맞추어 세운 정자처럼 고맙다.

정상 가까이 오르는 길섶에는 자미나무가 숲을 이루었다.

오래도록 붉게 꽃핀다 하여 백일홍白日紅인 것이다. 그리고 팽산 현민들의 사랑을 한몸에 모아 지닌 현꽃이기도 하다.

드디어 해발 610m 널따란 정상이다. 무어라 해도 선녀산의 심벌은 여기 서 있는 선녀상仙女像이라 하겠다. 후리후리한 키에 자르르 흘러내린 고운 몸매, 잔디밭 받침대 위에 올라선 선녀는 미소 띤 얼굴로 오른손에 선약을 들어 보인다.

숨을 쉬면 볼록거릴 듯한 저 무르익은 젖가슴, 자연스레 흘러내린 허리. 모두가 미덕美德에서 우러나온 자연인의 모습 그대로다.

먹으면 신선이 된다는 신선초神仙草는 어느 구석에 숨어 있는지……. 그러나 저마다의 마음밭에서는 신선초가 나름대로 자라고 있는 것이다.

마음에서 싹이 튼 신선초는
마음에서 자라다
마음에서 시든다.
그리하여
마음을 떠난 그는
또 살아갈 땅을 찾아
마음에서 마음으로 헤맨다.
아무리 두드려도
불이 꺼진 마음에는
들어갈 문이 없다.

아유! 돌아서는 순간
멀리서 샛별이 반짝거린다.
비워진 마음밭에서
신선초는 더욱 향기롭다고.

팽산 선녀와 인연이 깊었다는 선녀호수는 보이지 않고, 민강岷江에 가로놓인 큰 다리가 구름금 언저리에 가늠된다.

(2003. 8)

제운산 여인

중국 안휘성安徽省의 황산黃山과 구화산九華山 그리고 제운산齊雲山은 예로부터 강남의 명산이라 불리운다. 그리하여 이들은 저마다 개성적인 자연을 누리며 영원을 살아간다.

황산이 화려하면서도 재치 있는 현대적 감각이라면, 구화산은 신리新羅의 왕자 김교각金喬覺이 일으킨 지장보살의 본산으로 널리 알려진 믿음의 도량道場이다. 그리고 토속적인 제운산은 신령스런 기운이 가득한 도교道教 문화의 꽃동산이라 하겠다.

3백 년을 내리버틴 등봉교登封橋다리를 건너 올라가는 제운산의 이른 아침이다. 운보정雲步亭, 영풍정迎風亭 등 네댓 정자를 거쳐서 찾아오른 망선정望仙亭이 호젓하기도 하다.

신선은 보이지 않고 첫햇살에 나뭇잎이 유난히 빛나 보인다. 그런데 난데없이 한 중년 여인이 저만치 다가와서 함께 따라다녀도 괜찮겠느냐고 한다.

차분한 말씨에 어딘지 모르게 품위 있어 보이는 수수한 차림새다. 예사로운 관광객이나 장삿속은 아닌 성싶다. 뜻밖의 일이라 그 무엇에 홀리기라도 하듯 얼른 답이 나오지 않는다.

동천복지洞天福地의 터전을 둘러보고 나올 때까지 여인은 기다리는 것이다. 그리고 샘솟는 복물을 마셔보라는 눈빛으로 물구기의 손잡이를 고쳐 놓는다.

만물을 넉넉하게 축여 주는 물이다. 높은 자리를 다투지 않고 항상 낮은 곳을 향해 밸런스를 이루는 물이다. 아는 자는 말이 없다더니, 가장 뛰어난 선善이 저 소리 없는 눈빛 속에 깃들어 있는지도 모른다.

산은 그 높이에 값어치가 있는 것이 아니라며 스쳐간 솔바람이 귀띔을 한다. 선仙하면 영靈하다는 자세로 고만고만한 36봉우리를 한가슴 껴안은 해발 585m 제운산이다.

돌다리와 돌계단이 번갈아 이어지는 길을 따라 많은 궁관宮觀과 암벽에 새겨진 글자 그림의 행렬이다. 아울러 수많은 동굴과 도방道坊들……, 1,300년을 이어내린 도교 문화의 향기가 물씬거린다.

이 제운산은 눈길 발길 닿는 곳마다 선경이다. 망선정에서 팔선동八仙洞을 지나 멀리 선인교仙人橋를 바라보면 삼천문三天門에 이르는 동안, 나도 모르게 나를 깜박 있었나 보다.

여기 월화가月華街는 자기가 사는 마을이라며 여인은 모처럼 말문을 연다. 어쩐지 처음부터 남다르다 싶더니, 여름에도 선仙 바람이 깃든 주풍선朱風仙 여인이다.

오늘날 이 산골에는 옛도인의 후손들이 여기저기 자유롭게 살고 있다. 주 여인은 다시 찻잔을 채우면서 홍시감까지 곁들여 내놓는다. 그리고 노자老子의 영정을 모신 방문을 열어 보이기도 한다.

또 말없이 따라나선 주 여인이다. 관광객의 발길이 잦은 진선동眞仙洞 동굴은 진열 배치된 선인仙人들로 가득하다. 천개신수天開神秀라는 바위새김 자체가 서화에 어두운 이 눈에는 그저 어리둥절할 따름이다.

스쳐가는 오로봉五老峰은 언제 어디서 보아도 인자하신 노친네의 모습 그대로다. 일부러 꾸미지 않는 데에서 더욱 우아하고, 내세우며 나서지 않는 곳에 오히려 믿음이 더한다.

만수산, 운암호雲岩湖 방면일랑 다음으로 미루고, 호계교虎溪橋를 건너 회선각會仙閣에의 내림길이다. 앞으로 두 시간이면 횡강橫江의 나루터다.

주 여인은 도시 이렇다저렇다 말이 없다. 그렇다 해서 남의 삶을 기다려 주는 대리 인생은 아니리라. 덤으로 사는 여벌살이도 아닐 것이다. 잘 모르겠지만 대대로 이어내린 집안의 자연스런 법도라 얼버무리기로 하자.

어찌하였든 마음대로 느끼고 생각하며 나름대로 상상하라

는 넉넉한 마음씀이다. 그런데 하필 신선들이 모이는 곳에서 이별을 하게 되는 한낮의 회선각이다. 비록 당唐 시대의 이백李白은 아니지만 저절로 새어나는 흥얼거림이다.

바람처럼 나타나서
물 흐르듯 가버린
제운산 여인, 주풍선朱風仙.

말없이 따라다니던 너는
도우미도 지킴이도 아닌
타고난 자연의 메신저였나.

그녀는
훈훈한 가정의
선계仙界로 돌아가고,

나그네는 뗏목에 몸을 실어
횡강橫江을 흘러간다.

(2004. 10)

하얀골, 선의 집

일본 가고시마鹿兒島에서 남쪽 바다 멀리 떨어진 야쿠시마屋久島는 세계자연유산으로 지정된 섬이다.

이야말로 푸른 자연의 왕국이라 하겠다. 그리하여 시라다니白谷 계곡의 들머리인 「선仙의 집」을 찾아온 것이다.

울타리도 없는 널따란 터전에 삼나무만으로 지은 이 외딴집은 그저 잠만 자는 휴식 공간이다. 어서 오시라! 반가이 맞이한 50대 안주인의 상냥한 목소리가 자연의 훈훈한 입김처럼 느껴지기도 한다.

선仙이란 무엇을 뜻하느냐는 물음에, 서슴없이 선인仙人, 신선神仙, 선경仙境이 떠오르지 않느냐는 나카지마中島 부인의 천연스런 대답이다. 곧 이 단독 주택이 신선의 집이자 신선의 마을인 셈이다. 남편인 마사노부政信 씨가 머무를 방을 안내하겠다고 나선다.

이 섬의 모습을 닮은 둥글넓적한 얼굴의 사나이다. 귀밑털이 콧수염으로 이어져서 턱수염의 숲으로 어우러졌다. 하얀 두루마기에 지팡이라도 짚고 나타난다면 신선이 따로 있을 성싶지 않다. 시새움도 거짓도 헛된 욕심도 깃들 틈새가 보이지 않는 몸가짐 마음의 바탕이다.

몸채에서 약간 떨어진 숙박 건물에는 공동 취사도구가 두루 갖추어졌다. 그러나 처음부터 자취 계획이 아닌지라 미리 인스턴트 먹거리라도 장만해야 하겠다. 그런데 교통사정이 뜻대로 되지 않는 처지인지라, 나카지마씨는 승용차로 식당과 수퍼를 돌아다니며 한사코 일을 돕는다.

숲속에 외따로 마련된 목욕탕이 옛 정취를 더욱 자아낸다. 까만 가마솥에 장작을 지펴 끓인 물이 부드럽기도 하다. 그리고 곁에서는 키다리 삼나무의 긴 그림자가 흐르는 시냇물에 어른어른 머리를 감는다.

그 억센 태풍의 눈도 엊그제로 가뭇없이 사라지고, 귀뚜라미의 풍월과 새들의 합창 속에 아침이 밝았다. 삼나무의 송진 냄새가 유난히 진하게 풍겨난다. 간밤에는 마치 보글보글 끓는 탕제의 새콤달콤한 향기에 취하듯 잠이 들었나 보다.

아침 일찍 시라다니 운스쿄白谷雲水峽로 떠나려는데 안주인인 시즈요靜代 여인이 주먹밥을 만들면서 잠시 기다리라고 한다. 슈퍼의 빵만으로는 무리라며 무엇인가 만들어 드리라는 남편의 부탁이라는 것이다.

신슈信州가 고향이라는 나카지마 여인은 토박이 남편에게 멀리도 시집온 셈이다. 어떻게 해서 만났으며 또 누가 먼저 추파를 띄웠느냐 하는 물음에 이 모두가 자연의 뜻이라며 방긋이 웃는다.

산과 물 그리고 사람과 집이 잘도 어울리는 「선의 집」이다. 아늑한 고전 속에 현대가 더부살이하는 삼나무의 집이다. 자연 속에 자연스레 살아가는 사람들이다.

둘레 130km의 야쿠시마는 한마디로 산과 숲과 물의 섬이다. 그리고 이 시라다니 운스쿄는 그 대표격이라 하겠다.

「선의 집」에서 찾아오르는 운수협곡에는 표정이 서로 다른 수많은 폭포가 허옇게 내리쏟는다. 넘쳐 흐르는 용소의 연속이다. 나뭇가지와 줄기에서도 가느다란 물방울의 나무비가 흘러내리는 물의 세계다. 하기사 태풍이 지나다니는 길목에서 어찌 물에 굶주리기야 하겠는가.

대자연의 고향인 이 섬의 세계적 명물은 무어라 해도 야쿠삼나무屋久杉다. 그러나 천 년이 못된 삼나무에는 「야쿠」라는 섬의 명예로움이 따르지 않는다. 능선에는 소나무 계곡에는 삼나무라 하지만, 여기는 2, 3천 년을 살아온 야쿠삼나무들의 세상이다.

사슴이 물끄러미 쳐다보다 다시 어슬렁거린다. 새끼를 거느린 원숭이의 눈이 유난히 똥그렇다. 이들은 모두 몸집이 작은 야쿠종屋久鍾이다. 이끼는 어디서나 물기에 젖어 있고, 섬의 여왕인 석남화石南花가 핑크빛으로 곱게 물들었다.

여기 「네거리 고개」에서 똑바로 나아가면 「윌슨 그루터기」를 지나 죠몬삼나무繩文杉를 거쳐서 규슈九州의 초고봉인 해발 1,935m 미야노우라다케宮之浦岳 정상으로 이어진다. 그런데 이 코스에는 하루의 해가 너무 짧다.

일찍이 미국의 윌슨 박사가 찾아냈다는 「윌슨 그루터기」는 그 잘린 안쪽 둘레가 14m라고 한다. 그리고 속에서 맑은 샘물이 솟아나며, 안이 비어 있어서 중학생 200명이 들어갈 수 있었다고 전해진다.

나이테 3,000년부터 7,200년 사이로 헤아려진다는 승문삼繩文杉나무다. 세계 어느 나라의 역사보다도 오랜 세월을 살아온 신神과 선仙과 성聖의 삼나무로 알려진다.

야쿠시마의 선 노인仙老人,
7천2백 년 묵은 승문삼나무
그 생명의 숨소리를 들으려 해도
당신은 아무 말이 없고,
사람들은 오늘도 저녁놀을 바라보며
눈물만 글썽글썽 그저 아름답다 하네.

선경仙境인 원시림에서 올라온 북바위 또한 원생의 숲속이다. 북통처럼 둥글한 바위 전망대에서의 전망이 또한 절경이다. 원시의 숲으로 뒤덮인 산과 산이 마치 푸른 바다 위에 떠 있는 양상洋上알프스 그대로다.

산과 산은
푸른 하늘 아래
자기 주장을 하면서도
잘도 어우러진다.

물 따라 구름 흐르듯
세월도 쉬어가는
하얀 골, 선의 집
예스런 이름 그대로다.

(2003. 6)

아미하리의 선녀

모리오카盛岡에서 이와테산岩手山 깊숙이 들어 온 여기 아미하리網張 온천은 해발 750m 숲속에 자리를 잡았다.

예로부터 이름난 이 온천에서 그다지 멀지 않은 선녀탕의 선녀를 만나러 일부러 찾아온 것이다.

여러 시설이 갖추어진 온천 휴양관이다. 방안에서 내다보이는 것이라고는 풀꽃과 원생의 숲뿐으로, 덩달아 산속의 어둠 발은 빨라지게 마련이다. 선녀탕에는 아침이 좋다면서, 오르내리는 계단길을 조심하라고 거듭거듭 일러주는 종업원이 자상하기도 하다.

휴양관 일대를 에워싼 자연이 희물그레 눈을 뜬 아침 6시다. 선녀탕으로 이어지는 길목에 안내판이 저절로 눈에 들어온다. 구경하기 위한 손님은 사양하기 바란다는 조항이 그럴

법하기도 하다. 남녀 혼탕임을 넌지시 알리고 있는 것이다.

손전등이 잘도 찾아가는 외길이라 옆으로 새나갈 걱정이 없다. 나지막한 고개에 올라 깊숙이 내려간 통나무 계단의 끝자락이 막다른 계곡이다.

디딤돌을 조심스레 건너야 하는 시냇물이다. 해는 이미 솟아올랐으련만 원생의 숲이 하늘을 가리는 골짜기는 아직도 어두컴컴한 새벽이다.

바윗돌들이 뒤얽힌 냇가에 선녀탕 두 개가 다정스럽게 이웃해 있다. 마치 둘레가 쭈글쭈글 헤어진 커다란 방석 모양의 천연 노천온천이다.

어디선지 간헐적으로 휭, 휭 하는 소리가 새나온다. 꼬부랑 지팡이를 앞세운 백발노인이 '거 뉘시오?'하며 다가오는 기침소리가 아닌지 모르겠다. 바로 두에서는 높다란 거북이 폭포가 3단으로 내리쏟는다. 뻐꾸기와 휘파람새의 노랫소리마저 앗아가버린 폭포. 그 물바람 속에 때늦은 철꽃이 가냘프게 떨고 있다. 평소에 혼자만의 세계를 찾아다닌 버릇이 몸에 배든지도 오래다. 그런데 어쩐지 으스스한 분위기다.

이 국립공원 안에 선녀의 옷을 감출 나무꾼이 드나들리 없고, 죽은이의 옷을 벗겨 생전의 죄를 묻는 삼도내의 강기슭도 아니다. 자그마하고 허술한 까대기가 옷을 벗는 곳이다. 둘러친 벽도 없이 가운데를 막아서, 옷은 남녀가 따로 벗고 목욕은 함께 하는 혼욕의 내림버릇이다.

서너 사람이 함께할 수 있는 선녀탕에 혼자 들어앉았으려니, 어쩐지 분수에 넘친 시간처럼 온천물도 넘쳐흐른다. 세상과는 인연이 먼 원시 지대, 6월의 산골은 아직도 초봄이다.

이 선녀탕은 아미하리 온천의 바운더리 안에 깊숙이 숨어있는 신비로운 쌍둥이 온천이다. 옛날 산신 신앙에 따라 목욕을 하지 못하도록 둘레에 그물을 둘러쳤다는 아미하리網張다. 오늘날에는 산신에 대한 정성도 엷어졌나 보다.

굳이 그 누구를 기다리는 것은 아니지마는 아직껏 사람 하나 나타나지 않는 선녀탕이다. 가까스로 선녀탕 크기만큼 하늘이 빠끔히 열려 보인다. 아마 선녀탕골의 창문인가 보다.

생기로운 아침이 가득한 산골
고스란히 그대로 살아가는 자연.

선녀 바위여,
선녀탕 지킴이야

선녀는 다녀갔느냐.
파랑새 소식 없더냐.

저기 바람처럼 내려와
숲속에 사르르 옷 벗는 소리.

벌써 거기 사푼히
탕속에 들어앉네요.

눈이 밝은 선녀 바위
귀도 밝은 지킴이다.

저 멀리 하늘다리 오름길에
행여나 망설이는 선녀인가?

휴양관으로 되돌아가는 고개에서 바라보는 산과 산은 푸르게 빛나고, 하늘은 높을 대로 맑았다. 언덕배기를 내려선 모퉁이에서 한 중년 여인이 무지개를 가리키며 생긋, "곱네요." 한다. 과연 선녀가 타고 다닌다는 꿈속 같은 무지개다.

오늘로서는 처음으로 만난 사람이다. 그리고 요리조리 꽃향기를 맡으며 돌아다니는 품이 어딘지 모르게 예사롭지 않은 여인이다.

아까 하늘로 올라가다 말고 일부러 여기서 기다리는 선녀라는 착각에 뒤돌아보는 발걸음이 더디어진다. 다정한 눈으로 바라보면 사람도 자연도 모두가 웃으며 다가오는가 보다.

(2004. 6)

쇼센쿄

고후시甲府市 유무라湯村 온천골의 저녁이다. 승선각昇仙閣이니 도원桃源이니 하는 가판을 보기만 하여도 벌써 선경에 들어온 듯한 분위기다.

그리움을 불러일으키는 구사부에(풀피리草笛) 식당에서 아침을 마치는 대로 쇼센쿄昇仙峽까지는 잠깐이다. 60년 전 긴푸산金峰山 하산길에 어둠에 쫓겨 건성 내려왔던 꿈의 세계다.

협곡의 들머리에서 손님을 기다리던 마차는 '딸랑딸랑' 방울소리와 더불어 옛길을 따라간다. 주로 물과 바위와 소나무가 짜낸 자연의 두루마리 속에서도 화강암으로 치솟은 각원봉覺圓峰과 선아仙娥폭포는 한층 돋보이는 걸작이다.

여기 쇼센쿄 로프웨이의 전망대 역은 해발 1,058m 라칸지산羅漢寺山 정상이다. 후지산을 비롯하여 남南알프스 연봉이

한눈에 들어선 360도의 전망이다.

산에서 내려온 시가지에는 사치스런 기념품 가게가 많이도 늘어섰다. 그러고보니 쇼센쿄 일대는 예로부터 수정水晶과 포도의 고장이 아니던가.

수정 보석이 반짝이는 쇼윈도 옆의 좁다란 빈터다. 한노파가 과일 광주리를 앞에 놓고 무료히 앉아 있다. 얼마 안 되는 포도와 복숭아가 오늘의 장삿거리인 모양이다.

"할머니, 많이 팔으셨어요?"

"뭘요, 팔리든 안 팔리든 해가 지면 또 아침이 오는 걸요."

이야말로 동문서답이다. 아니다. 입에 익은 인사말이었는데 예사롭지 않게 받아들였나 보다. 무관심 지대에서 나날을 보내는 노파의 눈에는 이 등산차림이가 유다르게 비쳤을지도 모른다. 하나뿐인 의자에서 일어나며 한사코 앉으라고 한다.

혼자 돌아다니는 나그넷길에서는 항상 같은 질문을 받게 마련이다. 어디서 왔느냐. 무얼 하러 다니느냐. 나이가 어떻게 되었느냐. 혼자 쓸쓸하지 않느냐 등등……. 그러나 이 모두를 하나로 쓸어 모아 대답은 간단하다.

"글쎄요. 저도 잘 모르겠는데요."

여러 모양으로 탈바꿈한 저 수정 보석들은 언제까지 저토록 유리 상자 안에 갇혀 살아야 하는지 모르겠다. 입맛이라도 다시라면서 내미는 조금 물기 가신 포도알이 노파의 조용한 눈망울을 닮았다.

"할머니, 댁은 어디세요?"

"멀지도 가깝지도 아니하오. 나 자신이 나의 집이지요."

거리의 신선이란 이 노파를 두고 하는 말인 성싶다. 하기야 여기는 승선골이 아닌가.

(2004. 9)

12선녀탕

맑은 날씨에도 느닷없이 왈칵 퍼붓는 설악산의 생리를 어찌 헤아릴 수 있겠는가. 그런데 먹구름으로 뒤덮인 남설악 남교리의 밤은 깊어만 간다.

비나이다.
비나이다.
김밥 말아 상 차리고
술을 따라 비나이다.
내일 아침 6시
12선녀탕으로 떠나렵니다.
바라옵건데
탕수동 계곡에
안개 쓸어가고

대승령 고갯길에
먹구름 거두소서.

좀처럼 펴질 것 같지 않는 찡그린 날씨다. 그러나 비가 내리지 않는 것만도 다행이다. 아 참, 어젯밤 누구에게 빌었지? 그것은 간절한 마음에서다.

열두 선녀가 목욕을 하며 노닐었다는 12선녀탕.

내리쏟는 폭포가 험한 협곡의 반석위에 연쇄적으로 커다란 도가니들을 이루었다. 이것은 물의 조화라기보다 조물주의 예술작품이다.

첫째인 독탕에서 마지막 용탕에 이르기까지 영락없는 장독이다. 미끄럽고 깊어서 들어갈 수 없는 12선녀탕이다. 신비로운 선경 속에 너무 맑아서 푸르다 못해 검붉은 간장의 빛깔이다.

소금물에 메주를 담가 간장을 만들던 어머님의 환상 앞에 마음이 숙연해진다. 짭짤한 소금물 속의 메주처럼 식구들을 위해 몸과 마음을 녹여 버린 어머님……. 간장으로 음식의 간을 맞추듯, 누구에게도 말을 함부로 하는 일이 없었다.

까마말쑥하게 빛나던 어머님의 장독과 같은 이 선녀탕. 볼수록 어머님의 손길이 자르르 흐르는 것만 같다.

깊숙이 담겨 넘치는 이 선녀탕의 물. 평생을 하루와 같이 황소처럼 일하며 괴로움을 웃음으로 보낸 어머님의 나날. 그

인고의 미덕이 영원을 향하여 넘쳐흐르고 있다. 무명베 옷자락에 짚신을 끌던 그 순박한 자연미에 온통 감싸인 선녀탕 계곡이다. 구릿빛으로 다져진 어머님의 얼굴이 선녀탕 우묵한 물속에 얼비친다. 순간적으로 안개구름이 걷히고 언뜻 햇살이 비친다. 선녀탕의 장독이 금빛으로 빛나는 황홀한 순간이다.

옛집의 골마루에서는 할머니를 위한 막걸리 술독이 항상 보글보글 익고 있었다. 어머님은 그 농익은 술독에 용수를 질러, 노란 청주를 떠내는 것이 저녁녘의 일과였다.

며느리가 올린 술잔을 들며,

"아랫집 평석이 와서 한자 하래라."

그 호탕하게 웃던 할머님의 세월도 까마득한 옛날이다.

12선녀탕.

이 12선녀는 꽃과 신록으로 술을 담근다. 그리하여 안개 속에 무르익으면, 가을 단풍으로 빨갛게 취한다. 벼랑 끝의 담쟁이는 벌써 성급하게도 얼굴이 붉어졌다.

거짓 없이 마디게 살다 가신 어머님의 참모습이 곱게 형상화된 선녀탕이다.

남설악 깊은 골에
12선 어디 갔나.
신비로운 열두 탕물
검푸른 간장 빛이다.

까마반지르한 어머님의 장독
님의 손길이 자르르 빛나네요.

구릿빛으로 다져진 그 얼굴
괴로움을 웃음으로 달래신
인고의 미덕이
영원을 향해 넘쳐흐른다.

싱그러운 신록으로 술을 담가
안개 속에 무르익은 날,
벼랑끝 담쟁이도
얼굴 빨개지리라.

(1981. 8)

현대수필가 100인선 · 07
송규호 수필선

달팽이의 잠꼬대

초판인쇄 | 2007년 10월 20일
초판발행 | 2007년 10월 25일

지은이 | 송 규 호
펴낸이 | 서 정 환
펴낸곳 | 좋은수필사

주 소 | 서울시 종로구 익선동 30-6
운현신화타워 빌딩 3층 305호
전 화 | 02)3675-5635, 063)275-4000
등 록 | 1984년 8월 17일 제28호
홈페이지 | http://www.shin-a. co. kr
e-mail | essay321@hanmail.net

값 7,000원

ISBN 978-89-5925-254-1 04810
ISBN 978-89-5925-247-3 (전 100권)